THE / LA

GATINEAU

THE / LA
GATINEAU

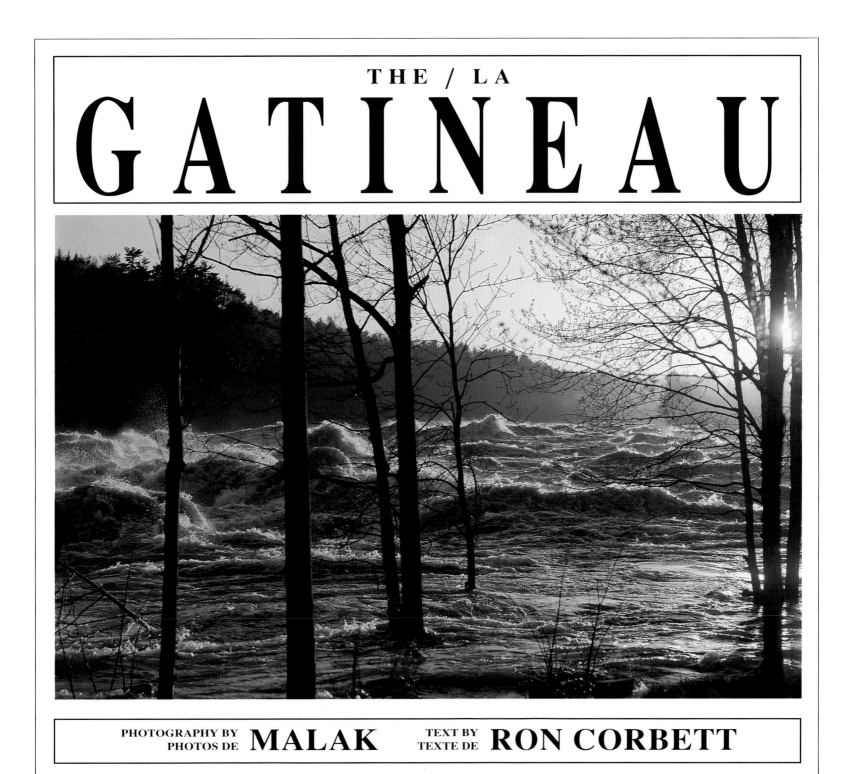

PHOTOGRAPHY BY
PHOTOS DE **MALAK**   TEXT BY
TEXTE DE **RON CORBETT**

(Stoddart) A BOSTON MILLS PRESS BOOK

Canadian Cataloguing in Publication Data

Malak
  The Gatineau

ISBN 1-55046-090-0

1. Gatineau River Valley (Quebec) — Pictorial works.
2. Gatineau River Valley (Quebec) — Description
and travel. I. Corbett, Ron, 1959-   . II. Title.

FC2945.G3M3 1993   917.14221   C93-093619-1
F1054.G3M3 1993

© Malak and Ron Corbett, 1994

First published in 1994 by
Stoddart Publishing Co. Limited
34 Lesmill Road
Toronto, Canada
M3B 2T6
(416) 445-3333

,A Boston Mills Press Book
The Boston Mills Press
132 Main Street
Erin, Ontario
N0B 1T0

Design by Gillian Stead
French translation by Gilbert Bélisle
Typography by Justified Type Inc., Guelph, Ontario
Printed in Hong Kong

OVERLEAF: *Spring break-up and flooding, Farmer's Rapids, Limbour*

The publisher gratefully acknowledges the support of the Canada Council, Ministry of Culture, Tourism and Recreation, Ontario Arts Council and Ontario Publishing Centre in the development of writing and publishing in Canada.

Données de catalogage avant publication (Canada)

Malak
  La Gatineau

ISBN 1-55046-090-0

1. Vallée de la rivière Gatineau (Québec) — Ouvrages illustrés.
2. Vallée de la rivière Gatineau (Québec) — Description
et voyages. I. Corbett, Ron, 1959-   . II. Titre.

FC2945.G3M3 1993   917.14221   C93-093619-1
F1054.G3M3 1993

© Malak et Ron Corbett, 1994

Publié en 1994 par
Stoddart Publishing Co. Limited
34 Lesmill Road
Toronto, Canada
M3B 2T6
(416) 445-3333

Une publication Boston Mills Press
The Boston Mills Press
132 Main Street
Erin (Ontario)
N0B 1T0

Maquette de Gillian Stead
Traduction française de Gilbert Bélisle
Typographie de Justified Type Inc., Guelph (Ontario)
Imprimé à Hong Kong

VERSO: *Inondations causées par la débâcle printanière, rapides Farmer, Limbour*

L'éditeur désire remercier le Conseil des arts du Canada, le ministère de la Culture, du Tourisme et des Loisirs de l'Ontario, le Conseil des arts de l'Ontario et le Centre d'édition de l'Ontario pour leur soutien à l'écriture et à l'édition au Canada.

TABLE OF CONTENTS

TABLE DES MATIÈRES

View from Wakefield / Panorama depuis Wakefield

Gatineau — a name, a river, a park, a city, a vast expanse.

Settled at the turn of the nineteenth century, our region was built around trees and rivers, and rugged raftsmen driving logs down the Gatineau quickly became its trademark.

The pulp-and-paper industry, traditional mainstay of the Outaouais economy, today uses state-of-the-art technology and has developed a thriving business network in the third most populated area of Québec.

The vitality and skills of its people have made the Gatineau a driving force in the heart of the National Capital Region. Its cultural institutions, recreational areas and tourist events, such as the Gatineau Park, the Canadian Museum of Civilization, and the Gatineau Hot Air Balloon Festival, have attained international stature.

Malak is synonymous with Canadian photography. He is also one of the Gatineau's most prestigious ambassadors. His images are indeed a magnificent reflection of our rich social and environmental heritage.

May this document lead its readers on a path of discovery to the greenest domain of this vast country: the Gatineau!

Robert Labine
Mayor of the City of Gatineau
President of the Outaouais Urban Community

Gatineau, un nom, une rivière, un parc, une ville, un immense territoire.

Colonisée vers les années 1800, notre région a écrit son histoire avec des mots comme « billot », « pitoune », « draveur », « raftsman ».

Toujours présente dans l'Outaouais, l'industrie du bois fait maintenant place aux technologies de pointe et à un riche réseau commercial dans la troisième région la plus populeuse du Québec.

Force vive de notre pays au coeur de la région de la capitale nationale, Ottawa, par le dynamisme et le savoir-faire de sa population, la Gatineau jouit aussi d'une réputation internationale par ses hauts lieux culturels et récréatifs et ses événements touristiques, que ce soit avec le parc de la Gatineau, le Musée canadien des civilisations ou le Festival de montgolfières de Gatineau.

Les images de Malak traduisent de façon magnifique la richesse de notre patrimoine environnemental et social vue à travers la lentille de l'un des plus grands photographes au pays et du meilleur ambassadeur de la Gatineau.

Que ce document donne à ses lecteurs le goût de découvrir davantage notre région, la plus verte au pays!

Robert Labine
Maire de la Ville de Gatineau
Président de la Communauté urbaine de l'Outaouais

Creek at Old Chelsea / Ruisseau à Old Chelsea

Autoroute 5 in Gatineau Park / L'autoroute 5 dans le parc de la Gatineau

FOREWORD   AVANT-PROPOS

The National Capital Commission is a Crown corporation with a very special mandate: namely, to ensure that the National Capital Region contributes to Canadian unity by promoting pride and understanding among Canadians. The Gatineau, which is so splendidly presented in this book, plays an important role in this regard. Indeed, in many ways it represents the very essence of the Capital.

There is something quintessentially "Canadian" about the wild landscape of the Gatineau, with its dense bush, beaver ponds and high, weathered escarpments. It was certainly the wild northern character of the landscape that drew Mackenzie King to the Gatineau Hills in 1900, long before he became prime minister. He came back many times and, over a lifetime, bought up many small parcels of land around Kingsmere Lake. In 1950, when he died, he bequeathed that land to the Canadian people as the core of what later became Gatineau Park. It has since become the responsibility of the National Capital Commission to safeguard this miraculously preserved bit of wilderness at the edge of Canada's Capital as an accessible symbol of the huge Canadian wilderness that lies beyond.

Also important is the mark that people have made on the Gatineau landscape. The human history of the area reads like a textbook of early Canadian experience — exploration, logging, pioneer settlement, industrial development, the rise of recreational skiing.... And the story is still there to be seen — in the old logging roads, the abandoned farmsteads, the old mills, and the trails. A walk through the Gatineau is in many ways a walk through the history of western Québec.

The Gatineau has played an extraordinary part in recent history as well, as an element in one of the most exciting — and successful — exercises in urban planning in the world. In the 1940s, when

La Commission de la Capitale nationale est une société d'État dont le mandat particulier consiste à faire en sorte que la région de la capitale nationale contribue à l'unité du pays en suscitant chez les Canadiens et Canadiennes la fierté et la compréhension. Nous reconnaissons que la Gatineau, présentée ici dans toute sa splendeur, joue un rôle important à cet égard et représente l'essence même de la capitale.

La Gatineau offre un paysage sauvage essentiellement « canadien » avec sa vaste forêt d'arbres feuillus et de conifères, ses lacs et ses escarpements portant les empreintes du temps. C'est sans doute l'aspect sauvage du paysage qui a amené William Lyon Mackenzie King sur les collines de la Gatineau dans les années 1900, bien avant qu'il ne devienne premier ministre du pays. Il y est revenu souvent et a acheté, au fil des ans, de nombreux lopins de terre autour du lac Kingsmere. À sa mort, en 1950, Mackenzie King légua sa propriété au peuple canadien, propriété aujourd'hui considérée comme le noyau du parc de la Gatineau. La Commission de la Capitale nationale a depuis la responsabilité de protéger cette magnifique région située à la porte de la capitale du Canada et dont on a miraculeusement réussi à conserver l'environnement naturel, symbole de la vaste étendue sauvage du Canada.

Exploration, drave, colonies de pionniers, développement industriel sont autant d'éléments qui ont marqué la Gatineau et qui ont forgé son histoire. Les anciennes routes des draveurs, les fermes abandonnées, les vieux moulins et les nombreux sentiers nous donnent un aperçu de la vie des premiers habitants de la région.

Une promenade dans la Gatineau est en quelque sorte une promenade à travers l'histoire de l'ouest du Québec.

Plus récemment, la région de la Gatineau a été au cœur d'un des plus grands exercices de planification urbaine au monde. En effet, dans les années 1940, lorsque Mackenzie King invita

Sailing on Lac Deschênes / Jour de voile sur le lac Deschênes

Mackenzie King invited French planner Jacques Gréber to draw up plans for the development and beautification of the Canadian Capital, he was consciously laying the groundwork for a revolutionary kind of Capital.

Among the many changes that Gréber proposed — the removal of rail lines from the downtown, the building of parkways along the Capital's waterways, the establishment of boulevards and monuments throughout the city — two ideas of particular importance emerged.

One, that the Capital should develop not merely as a city, but as a region that would cross the Ottawa River and encompass large areas of both Québec and Ontario, with their very different landscapes and peoples; and, two, that a belt of protected green land would be drawn around the built-up centre of the National Capital Region to prevent wild and destructive urban sprawl and to ensure access to the countryside in perpetuity.

In the parts of Ontario to the south of the Capital, the plan resulted in the creation of the great, semi-circular band of rural and wild land called the Greenbelt; in Québec, the concept gave rise over time to Gatineau Park. Planners in the Gatineau began with the land already collected by Mackenzie King and eventually were able to cobble together that huge wedge-shaped expanse of forested land that we now know as Gatineau Park.

The first mandate of the National Capital Commission, created in 1958, was to bring the Gréber Plan to life. It was also the Commission's role to further and protect King's vision of an accessible wilderness. Thus, for many years, the NCC has striven to protect the wildlife and extraordinary natural features of Gatineau Park.

More recently, the Commission embarked on a long and complicated planning process, working with the public and with regional and municipal governments to develop a Master Plan for Gatineau Park. The intention was to identify different kinds of assets — natural and wild, recreational and social, educational and historical — and to provide access, interpretation or protection, as required. On the one hand, the new plan means that the park will be better protected in perpetuity; on the other, it means that more people will be able to experience the Gatineau — but without destroying it.

The Gatineau is a vital part of our vision for the National Capital Region as a whole — a region that brings together Ontario and Québec, French and English, city and country, mountain and plain into one productive whole. It's part of our vision for the twenty-first century, in which great cities will flourish without destroying their hinterlands, and life will combine the pleasures and privileges of urban life with the quiet fulfilment of nature and recreation. It is part of our model for Canadian life in the future.

As Ron Corbett shows us in his fine narrative, and Malak in his extraordinary photographs, we owe a great debt to those who

l'urbaniste français Jacques Gréber à dessiner les plans d'aménagement et d'embellissement de la capitale du Canada, il avait déjà consciemment établi les bases d'une capitale révolutionnaire. Parmi les nombreux changements suggérés par Gréber — le déplacement du chemin de fer vers la périphérie, la construction de promenades le long des cours d'eau de la capitale, l'établissement de boulevards et de monuments un peu partout dans la ville — deux propositions importantes en sont ressorties.

Premièrement, la plan proposait que la capitale soit aménagée non pas comme une ville, mais comme une région qui traverserait la rivière des Outaouais et engloberait une importante zone du Québec et de l'Ontario.

Deuxièmement, qu'une ceinture d'espaces verts protégés soit créée autour du centre de la région de la capitale du Canada pour éviter le développement urbain non contrôlé, les constructions périphériques disgracieuses en bordure des routes principales menant à la capitale et préserver l'accès à la nature à perpétuité.

En Ontario, au sud de la capitale, le plan a permis la création d'une grande bande semi-circulaire de terrain rural et sauvage appelé Ceinture de verdure; au Québec, le plan a servi de base pour l'aménagement du parc de la Gatineau. Les urbanistes de la Gatineau ont donc commencé à mettre leurs plans en œuvre en se servant de la propriété léguée par Mackenzie King. Au fil des ans, le gouvernement a acquis des terres en vue d'agrandir le Parc pour en arriver au vaste oasis de paix et de beauté sauvage, tel que nous le connaissons aujourd'hui.

Le premier mandat de la Commission de la Capitale nationale, créée en 1958, a été de veiller à la réalisation des recommandations du plan Gréber. De plus, la Commission se devait de protéger la vision de King : préserver la nature sauvage et la rendre accessible à tous les Canadiens et toutes les Canadiennes. La CCN s'efforce donc depuis de nombreuses années de protéger la flore et la faune, ainsi que les magnifiques ressources naturelles du parc de la Gatineau.

Récemment, la Commission a entrepris un processus de planification, long et complexe, en collaboration avec les gouvernements régionaux et municipaux, afin d'élaborer un plan directeur pour le parc de la Gatineau. L'objectif de ce plan était, entre autres, de déterminer les différentes richesses naturelles et culturelles du Parc, de permettre aux visiteurs d'y avoir accès et de fournir l'interprétation tout en assurant la conservation des ressources pour l'avenir. D'une part, le nouveau plan permettra de protéger les richesses du Parc à perpétuité et, d'autre part, il offrira à un plus grand nombre de visiteurs la possibilité d'explorer la Gatineau et de vivre une expérience enrichissante, sans que la nature en soit pour autant menacée.

La Gatineau joue un rôle essentiel au sein de la région de la capitale du Canada — une région qui réunit l'Ontario et le Québec, les francophones et les anglophones, la ville et la campagne, les

came before us — the loggers who first explored these hills, the farmers who opened up meadowy vistas on the hillsides, the pioneer skiers who cut the trails we now walk and ski on. Most of all we owe a debt to Mackenzie King, who loved the Gatineau and gave his land there to the Canadian people.

As chairman of the agency responsible for preserving the natural and cultural treasures of the Gatineau in perpetuity, and for ensuring that Canadians know and have access to them, it is an honour and pleasure for me to commend to you, the reader, this fine volume. I trust that it will open a door for you, not only into the Gatineau, but into the greater Canadian reality that it represents.

Marcel Beaudry
Chairman
National Capital Commission

montagnes et les vallées. La Gatineau fait également partie de notre vision pour le XXIe siècle, où les grandes villes se développeront sans que l'on ne détruise l'arrière-pays et où les plaisirs et les privilèges de la vie urbaine seront combinés à la tranquillité de la nature et aux activités de plein air. C'est notre modèle de vie pour l'avenir.

Comme nous le démontrent les merveilleux textes de Ron Corbett et les superbes photographies de Malak, nous devons beaucoup à nos ancêtres qui se sont établis dans la Gatineau — les draveurs qui ont exploré les collines, les fermiers qui ont défriché la terre à flanc de coteau pour créer de magnifiques panoramas, les skieurs pionniers qui ont tracé les pistes sur lesquelles nous marchons et skions. Plus que tout, nous devons énormément à Mackenzie King qui adorait la Gatineau et a offert sa propriété au peuple canadien.

En tant que président de l'organisme responsable de préserver à perpétuité les trésors naturels et culturels de la Gatineau, de les faire connaître aux Canadiens et Canadiennes et de veiller à ce que ces derniers y aient accès, c'est un grand honneur pour moi de vous présenter, cher lecteur, cet excellent ouvrage. Je suis certain qu'il vous ouvrira la porte non seulement de la Gatineau, mais également à la grande réalité canadienne qui y est reflétée.

Marcel Beaudry
Président,
Commission de la Capitale nationale

Cattle grazing at Meech Creek / Troupeau en pâturage près du ruisseau Meech

Lake Fortune, Gatineau Park / Lac Fortune, parc de la Gatineau

INTRODUCTION

Rugged. Wild. Isolated. Such words readily apply to the land north of the nation's capital. The Gatineau region is famous for its fast-flowing rivers, dense forests and rugged hills. It possesses the type of wilderness that most visitors expect of Canada.

But this dramatic country, encompassing the Gatineau Hills, the valleys that lie to their north and south, and substantial stretches of the Gatineau River and the north shore of the Ottawa River, also has an urban side: two of Québec's largest cities, Hull and Gatineau, were built here, along the Ottawa River; the federal government is one of the area's largest employers; and Hull's downtown core contains office towers, boutiques and nightclubs that rival those of any other city in Canada.

On the shore of a lake in the Gatineau Hills stands the summer residence of the prime minister, and near another, the official residence of the speaker of the House of Commons. Located among these and other official homes are some of the most lavish estates and modest cabins in the country.

This is a land of such breadth and such extremes that it is difficult to assign it one name. The province of Québec calls the area the Outaouais. However, in local usage, the Outaouais is considered to be the urban enclave along the Ottawa River, not the vast, rugged country that lies beyond it. In colloquial speech, the area is often referred to as the Gatineaus, a sloppy plural that rolls the Gatineau Hills, Gatineau River and Gatineau Valley into one ungrammatical entity. Newspapers call the area Western Québec, sidestepping the issue entirely.

This is a land that defies simple labels and simple boundaries. It is a complicated land that reveals itself in different ways to different people. It has been so since the arrival of the first Europeans.

Sauvage. Inhabitée. Solitaire. Quels autres mots peuvent décrire la voisine située au nord de la capitale canadienne ? Célèbre pour ses rivières rapides, ses forêts touffues et ses collines inexplorées, la région de la Gatineau est l'incarnation du « pays sauvage » que les étrangers espèrent trouver au Canada.

Mais cette région spectaculaire, qui comprend les collines de la Gatineau ainsi que les vallées situées au nord et au sud, de grandes sections de la rivière Gatineau ainsi que la rive nord de la rivière des Outaouais, a également un visage urbain. Deux des plus grandes villes du Québec, Hull et Gatineau, sont apparues sur le bord de l'Outaouais. Le gouvernement fédéral compte parmi les employeurs les plus importants de la région. Enfin, le centre-ville de Hull est peuplé d'immeubles commerciaux, de magasins et de clubs qui n'ont rien à envier à ceux des autres villes canadiennes.

La résidence d'été du premier ministre du Canada se trouve près d'un lac dans la Gatineau. La résidence officielle du président de la Chambre des communes a été construite près d'un autre lac de la région. On y trouve également certaines des demeures les plus extravagantes et des habitations les plus humbles au Canada.

La région est si vaste et si diverse qu'on ne convient même pas de son nom. Pour le Québec et pour les médias, il s'agit de la région de l'Outaouais. Mais pour les gens qui habitent la région, l'Outaouais, c'est l'agglomération urbaine réfugiée sur les bords de la rivière du même nom, non pas le vaste territoire qui la ceinture. On préfère parler de la Gatineau, nom qui englobe les collines de la Gatineau, la rivière Gatineau et la vallée de la Gatineau.

Région aux frontières floues et aux multiples noms, la Gatineau est une terre qui défie la simplicité, qui refuse de présenter un visage unique à tous ceux et à toutes celles qui la contemplent. C'est ainsi depuis l'arrivée des premiers Européens.

Les contradictions remontent peut-être à Nicholas de la

Thunderbird, with Parliament in the background, Canadian Museum of Civilization, Hull / Oiseau-tonnerre au Musée canadien des civilisations à Hull. Le Parlement canadien est à l'arrière-plan.

Ottawa Valley from Champlain Lookout / Vallée de l'Outaouais depuis le belvedère Champlain

Perhaps the contradictions began with Nicholas de la Gatineau dit Duplessis (or Gastineau Duplessis), himself a contradiction. According to local legend, the man who gave his name to this region was a notary public who became a fur trader, a man who left behind a safe life of legal documents for a dangerous life spent trapping and trading in the wilderness. Little is known about Gatineau, not even what became of him. In the mid-1600s, he disappeared. Some say he drowned in the river that today bears his name. A notary public cum voyageur who mysteriously vanished from the face of the earth. It is perhaps fitting that the recorded history of this region begins with such a tale.

Every famous explorer in New France came to this region — Champlain, Brébeuf, Radisson, Bûrlé and La Vérendrye. Champlain is remembered with a lookout and a trail named in his honour in Gatineau Park.

Samuel de Champlain made his way up the Ottawa River in 1613 and again in 1615. According to the great explorer's journals, he was persuaded to come to this area by Nicholas de Vignau, a fellow explorer who claimed that the Ottawa River emptied into a northern sea. Champlain never found such a sea, but his travels helped open up new fur-trading routes. At the time, fur-traders were hard pressed to supply sufficient beaver pelts to satisfy the demands of the rich and fashionable in France, where the pelts were used in the construction of stylish hats. The demand for these hats kept trappers and explorers coming to the Gatineau region throughout the seventeenth century. (The expansion of lucrative fur-trade routes was at least some consolation for not finding an uncharted northern sea.)

The region did not see its first settlers until almost two centuries after Champlain's visits. Both the Algonquin natives and the fur-traders of New France were nomads, though they rarely strayed far from the rivers that were their transportation arteries.

The first settlers, when they finally did arrive, found in the Gatineau region some of the roughest, most unyielding land in the New World. These would-be farmers made their homesteads in a landscape of towering trees and shallow topsoil. The land broke your back when you cleared it, then broke your heart when you harvested it.

But many of the settlers stayed. They stayed because this land gave them an independence that had not been theirs in their former countries. Today, one can still see architectural reminders of such independence — in the classical ruins on Mackenzie King's estate, at inventor Carbide Willson's home on Meech Lake, in the boldly painted cottages located throughout the Gatineau Hills. This land has a rich history of stubborn, free-thinking dreamers.

For the Gatineau's natives, trappers, settlers and entrepreneurs, defining and naming this region was not a priority.

Gatineau, dit Duplessis, (ou Gastineau Duplessis), lui-même être paradoxal. La légende voudrait que l'homme qui a légué son nom à la région ait été notaire avant d'abandonner la sécurité des documents pour devenir marchand de fourrures. On connaît très mal cet individu, y compris le sort que le destin lui réserva. Chose certaine, il disparaît au milieu du XVIIe siècle. Certains prétendent qu'il s'est noyé dans la rivière qui porte son nom. Un notaire devenu coureur de bois qui disparaît sans laisser de traces. Il est sans doute approprié que les premiers faits historiques de la région commencent par un tel récit.

Tous les explorateurs célèbres de la Nouvelle-France, Champlain, Brébeuf, Radisson, Brûlé et de La Vérendrye, ont cru bon de visiter la région. Le souvenir de Champlain est rappelé par un belvédère et un sentier dans le parc de la Gatineau.

Samuel de Champlain avait remonté la rivière des Outaouais en 1613 et de nouveau en 1615. Selon le journal du fondateur de Québec, c'est un autre explorateur, Nicholas de Vignau, qui l'aurait convaincu d'explorer la région, affirmant que l'Outaouais se vidait dans la « Mer du Nord ». Champlain ne trouva jamais cette mer, mais ses voyages ont quand même permis l'ouverture de nouvelles routes pour la traite des fourrures. À l'époque, les marchands de fourrures arrivaient à peine à répondre à la demande de peaux de castor, qui servaient à la fabrication de chapeaux très recherchés par les nobles et les riches de France. Ainsi, les explorateurs et les coureurs de bois ont sillonné la région de la Gatineau pendant tout le XVIIe siècle pour l'amour d'une mode. La poussée vers l'ouest des routes lucratives de la traite des fourrures ne fut-elle pas une solide compensation pour ne pas avoir trouvé cette mer du nord inconnue ?

Il a fallu attendre deux siècles après le passage de Champlain avant que les premiers colons viennent s'établir dans la région. En effet, comme les Algonquins et les coureurs de bois de Nouvelle-France étaient nomades, ils quittaient rarement le bord des rivières sur lesquelles ils voyageaient.

À leur arrivée, les premiers colons trouvèrent dans la Gatineau une des régions les plus sauvages et les moins accueillantes du Nouveau Monde. Ces aspirants agriculteurs bâtirent leurs cabanes au sein d'arbres séculaires accrochés à une mince couche arable. Si défricher la terre ne suffisait pas à décourager les plus hardis, la maigre récolte qu'on y arrachait fauchait les derniers espoirs de prospérité des nouveaux venus.

Néanmoins, bon nombre de colons s'y établirent, demeurant dans la région parce qu'ils y trouvaient l'autonomie qu'ils ne pouvaient connaître dans leur pays d'origine. Aujourd'hui, les traces de cette liberté se voient dans l'architecture de la région, dans les ruines gréco-romaines du domaine de Mackenzie King, dans la résidence de l'inventeur Carbide Willson au lac Meech, dans les chalets aux couleurs vives parsemés dans l'Outaouais. On ne compte plus les personnes rêvant de liberté et d'indépendance qui ont choisi de s'établir dans la région.

Canadian Museum of Civilization, Hull / Musée canadien des civilisations à Hull

Much of this remarkable land comprises part of the ancient Canadian Shield, exposed Precambrian rock whose origin dates back 570 million years or more. The Ottawa River Valley was outlined when the North American continent was quite young. During successive ice ages, glaciers advanced and retreated, gouging the earth, piling up hills of geological debris, and repeatedly changing the shoreline of the massive prehistoric body of water we today refer to as the Champlain Sea. That shoreline can now be traced along the well-defined ridge of banks and escarpments that runs through the Gatineau Hills — the Eardley Escarpment and Champlain Lookout being the best-known and most prominent features.

The glaciers' steady movement eventually eroded what was once a great mountain range, creating the Gatineau Hills, a peneplain, or mountain ridge in which all the summits are of similar height. The glaciers also created valleys, lakes and altered the courses of existing rivers. Meech Lake, for example, once drained southward, until glacial debris blocked the water's passage and forced the lake to drain northward.

Permanent snow disappeared from the area ten thousand years ago. What remained was a land of rivers, lakes and rocky outcrops. The Québec government, defining this region so that it extends as far north as La Vérendrye Park, claims that there are more than twenty thousand lakes here. Even if the northern boundary is drawn closer to the Gatineau Hills, there are still several thousand lakes. In Gatineau Park alone, there are fifty-four named lakes and dozens more that go nameless. In addition to the Gatineau River, which rises 300 kilometres north of its junction with the Ottawa River, there are three other mighty waterways in this region. The Lievre, Rouge and Coulonge rivers all have their headwaters in Northern Québec and drop through the Canadian Shield until they enter the Ottawa.

But no historical or geological facts can prepare you for the sight of fog rising from a nearly frozen lake in the Gatineau Hills in the middle of winter; or the hills in autumn, when the leaves turn colour and the cold Gatineau River flows through an Impressionist canvas; or a full moon above a solitary nineteenth-century farmhouse.

If there is one man who understands this land — its images, its people, its history — it is the man whose photographs appear in this book.

Malak has been visiting and photographing the Gatineau region for nearly fifty years. His photograph of a log run on the Ottawa River appeared on the back of the Canadian dollar bill until it was removed from circulation in 1989. Some days he will set up his camera and wait hours for the light that will give him the perfect image of the fog-enshrouded lake, the autumn hills, the lone farmhouse.

Today, at age seventy-five, he is no less painstaking in his work.

Chose certaine, les autochtones, les coureurs de bois, les colons et les premiers entrepreneurs de la région ne se sont jamais souciés de lui trouver un nom.

Presque toute cette région remarquable fait partie du bouclier canadien, la couche précambrienne de l'écorce terrestre dont les origines remontent à plus de 570 millions d'années. La vallée de la rivière des Outaouais a été ciselée dans le continent nord-américain alors qu'il était relativement jeune. Au cours des périodes glaciaires qui se sont succédé, les mouvements des glaciers ont creusé la terre, laissant derrière eux des débris géologiques, bouleversant sans cesse le rivage de l'immense mer intérieure préhistorique connue sous le nom de mer Champlain. Les escarpements et les berges qui traversent la Gatineau, dont les plus accentués et les plus connus, comme l'escarpement d'Eardley et le belvédère Champlain, sont les anciennes rives de ce lac préhistorique.

La lente progression des glaciers a éventuellement érodé ce qui fut jadis une grande chaîne de montagnes, produisant le massif de la Gatineau, une pénéplaine, ensemble montagneux légèrement onduleux. Les glaciers ont également creusé des vallées et des lacs et modifié le trajet des cours d'eau. Jadis, le lac Meech se déversait au sud, mais des débris glaciaires ayant bouché le passage de l'eau, le lac se vide maintenant vers le nord.

Les neiges éternelles sont disparues de la région il y a 10 000 ans, laissant derrière elles un chapelet de cours d'eau, de lacs et d'affleurements rocailleux. Le gouvernement du Québec, pour qui la région se prolonge au nord pour contenir la moitié de la réserve faunique de La Vérendrye, dénombre plus de 20 000 lacs dans l'Outaouais. Mais, même si on rapproche la frontière septentrionale jusqu'au massif de la Gatineau, on y compte plusieurs milliers de lacs. Uniquement dans le parc de la Gatineau, 54 lacs sont répertoriés et des douzaines d'autres n'ont pas de nom. En plus de la rivière Gatineau, qui dévale plus de 300 kilomètres avant de se jeter dans l'Outaouais, la région compte trois autres grandes rivières. Les rivières du Lièvre, Rouge et Coulonge commencent au nord et descendent en cascadant le bouclier canadien avant de se déverser dans l'Outaouais.

Mais les faits historiques et géologiques sont incapables d'expliquer le brouillard qui s'échappe d'un lac verglacé dans la Gatineau en plein hiver, le tableau impressionniste que peint l'automne sur les feuillus qu'encadrent les eaux froides de la Gatineau, ou la pleine lune qui éclaire une ferme solitaire construite au XIXᵉ siècle.

S'il y a un homme qui comprend cette région, qui a su trouver un sens à ses images, à ses habitants et à son histoire, c'est bien celui dont les photos sont publiées dans ce livre.

Depuis bientôt cinquante ans, Malak explore la Gatineau avec son appareil photographique. Sa photo d'une scène de drave sur l'Outaouais avait inspiré la gravure qui ornait le dollar canadien jusqu'au retrait du billet en 1989. Il lui arrive parfois de monter

He still carries his own equipment. He still works alone, without paid assistants. He still returns regularly to the Gatineau Hills, trudging down trails that would slow men half his age.

Sitting in his studio in Ottawa, Malak smiles when asked for the definitive name for the Gatineau region.

"Yes, that *is* a problem," he admits.

He dismisses the term Outaouais, feeling, as do many area residents, that it is the name of an urban stretch along the north shore of the Ottawa River. Such a name would cause confusion. This is not a collection of photographs of the Outaouais.

Gatineau, of course, is the name of a major city in the region, and this book is a collection of images from many towns, many places.

The plural Gatineaus is dismissed as inelegant.

Examining the geography of the area, Malak points out, does not lead one to an easy answer. If you focus on the Gatineau River, you ignore the Ottawa River Valley and much of the Gatineau Hills. If you focus on the Gatineau Hills, you miss the Outaouais. Should the book include Montebello, a town that is on the edge of even the Québec government's generous boundary for the region, but the history of which is closely connected to that of the Gatineau region? What about the communities in the Pontiac Valley, to the west of the Gatineau Hills?

"It is not like Ottawa, where one name works for the entire region," Malak explains. "It is not like the Prairies or the Rockies. This is more difficult — a more difficult land."

Although at the time of our conversation Malak has his foot in a cast — the result of a fall on an icy Ottawa pathway — he begins to pace the floor of his studio. He stops at his light table and examines some negatives. He takes out photo binders and flips through images that will appear in this book. He murmurs gently, under his breath.

"A name. Yes, a name...."

In time, Malak returns to his chair and throws his hands up in a grand, exaggerated manner. He smiles again.

"I wonder," he says, "if we really need a name."

It is a charming answer.

Of course the book will need a name. One cannot register, stock or sell a book without a title.

But perhaps the reader should know that the man who took these photographs was willing to offer them in a book without a title, willing to accept this undefinable land and to let its images speak for themselves.

son trépied et d'attendre des heures jusqu'à ce que la lumière soit parfaite pour saisir un lac embrumé, une colline flamboyante en automne ou une ferme faisant la vigie sur un paysage désert.

Jeune homme de 75 ans, il poursuit son oeuvre, portant seul son matériel, préférant travailler sans assistants. Il retourne souvent à la Gatineau, escaladant des sentiers où s'essouflent des hommes plus jeunes.

Assis dans son studio à Ottawa, Malak sourit lorsqu'on lui demande s'il y a moyen de convenir d'un seul nom pour la région de la Gatineau.

« C'est certain, *ça*, c'est un problème, » avoue-t-il.

Il rejette le nom Outaouais, estimant comme bon nombre des habitants, que ce n'est que le nom de l'agglomération urbaine qui s'étire le long de la rive nord de la rivière du même nom. Un tel nom porterait à confusion, car cet ouvrage n'est pas une collection de photos de l'Outaouais.

Bien sûr, Gatineau, c'est le nom d'une grande ville de la région. Or, ce livre contient des photos de beaucoup de villes et de beaucoup d'endroits.

Comme le fait remarquer Malak, la géographie de la région ne fournit aucune réponse facile. Si le livre ne traite que de la rivière Gatineau, on oublie la vallée de l'Outaouais ainsi qu'une bonne partie du massif environnant. Si on parle des collines de la Gatineau, il faut forcément oublier l'Outaouais. Doit-on inclure Montebello, une ville située en marge de la généreuse frontière régionale fixée par Québec, mais dont l'histoire est étroitement liée à celle de la région de la Gatineau ? Qu'en est-il de la vallée du Pontiac à l'ouest ?

« Ce n'est pas comme Ottawa, dont le nom sert à désigner toute la région, » explique Malak. « Ce n'est pas comme les Prairies ou les Rocheuses. C'est plus difficile. C'est une région assez difficile à nommer. »

Malgré son pied enveloppé de plâtre — il a glissé sur un trottoir recouvert de glace à Ottawa —, Malak se met à se promener de long en large dans son studio. Il s'arrête devant la table lumineuse, jette un coup d'oeil à des négatifs. Il retire quelques albums et regarde les photos qui paraîtront dans ce livre. Il murmure délicatement...

« Un nom. Oui, un nom.... »

Éventuellement, il retourne à son fauteuil et lève les mains dans un geste exagéré de désespoir. Il sourit de nouveau.

« Je me demande, dit-il, s'il nous faut vraiment un nom. »

La réponse a de quoi séduire.

Bien sûr, il faudra bien que le livre porte un nom. On ne peut pas enregistrer, emmagasiner ni vendre un livre sans titre.

Mais, cher lecteur et chère lectrice, sachez que l'homme qui a pris ces photos était prêt à vous proposer un livre sans titre, prêt à accepter cette terre impossible à cataloguer, prêt à s'effacer complètement devant les images de la Gatineau.

Sleigh ride, Wakefield / Ballade en traîneau, Wakefield

Hull, Québec, from Ottawa / Vue de Hull depuis Ottawa

Visitors to the Canadian Museum of Civilization try out a fibreglass version of a Haida war canoe.

Des visiteurs au Musée canadien des civilisations examinent une reproduction en fibre de verre d'un canot de guerre haida.

*The dome painting
above the Grand Hall
staircase in the Canadian
Museum of Civilization is the
masterpiece of Chippewa artist
Alex Janvier. It depicts the
different quarters of the
morning star.*

*Coupole dominant
l'escalier du Grand Hall
du Musée canadien des
civilisations. Ce chef-d'oeuvre de
l'artiste chippewa, Alex Janvier,
représente les quartiers de
l'Etoile du matin.*

Aerial view of the Gatineau River / Vue aérienne sur la rivière de la Gatineau

*This sandpit in
Cantley is the planned site
for Hogarth Geological Park.
The stone shown here was
formed over one billion
years ago.*

*Carrière de sable
à Cantley, emplacement
du nouveau parc géologique
Hogarth. Cette pierre date
de plus d'un milliard
d'années.*

Meech Creek, Dunlop Park

Ruisseau Meech, parc Dunlop

Minerologist
Gerry van Veldhuizen inspects
an old phosphate mine at
Notre-Dame-de-la-Salette.

Le minéralogiste
Gerry van Veldhuizen
examine une ancienne
mine de phosphates à
Notre-Dame-de-la-Salette.

Canada geese, Plaisance / Bernaches, Plaisance

Lupins grow in abundance on the shores of the Gatineau River. / On trouve des lupins en abondance sur les rives de la rivière Gatineau.

Gatineau River in early spring / Premiers signes du printemps sur la rivière Gatineau

ONCE UPON A PINE

In the Gatineau Hills, nothing grows better than a pine tree.

This simple fact of nature — though it came as a bitter discovery to the thousands of immigrant farmers who flocked to these hills in the nineteenth century — once made the region one of the most prosperous in British North America.

But it almost didn't happen. Even the first settler who came to the region viewed the hardy pines as nothing more than obstacles to be removed before the serious work of farming could begin.

Philemon Wright came from Woburn, Massachusetts, in 1800 with his family and five other families. They made the trek in late winter, by oxcart, travelling frozen waterways until they reached the junction of the Ottawa and Gatineau rivers. It was here, on land that Wright had been given by the Crown, after first taking an oath of allegiance at a registry office in Montréal, that the American pioneers created the first permanent settlement in Western Québec.

These determined settlers managed to get a crop of wheat in the ground that first summer, but after putting aside enough of the crop to allow them to survive the winter, there was almost nothing left to sell. When this proved the case again the following year, Wright realized, to his horror, that he had changed countries and travelled nearly a thousand miles only to become a subsistence farmer.

It was then that Wright began to look with new interest at the impressive stands of red and white pine that lined the shores of the Gatineau and Ottawa rivers. As fate would have it, the transplanted American farmer had built his new home in the centre of one of the most valuable pine forests in British North America.

In 1806, Wright finally managed to extract a cash crop from his new land. Philemon and his son Tiberius guided their raft of

IL ÉTAIT UNE FOIS

Dans les collines de la Gatineau, rien ne pousse mieux qu'un pin.

Bien que cela ait été un constat amer pour les milliers de fermiers qui immigrèrent dans la région au XIXe siècle, c'est grâce à ce simple fait de la nature que la Gatineau fut jadis une des régions les plus prospères en Amérique du Nord britannique.

Mais il s'en fut de peu que cela ne se produise pas. Pour le premier colon à venir s'établir dans la région, ces pins résistants n'était que des obstacles qu'il fallait d'abord enlever avant que la terre puisse révéler son véritable destin, l'agriculture.

Philemon Wright arriva de Woburn, au Massachussets, en 1800 en compagnie de ses proches et de cinq autres familles. Ils avaient fait le voyage à la fin de l'hiver, en chars à boeufs, voyageant sur les rivières gelées jusqu'à ce qu'ils arrivèrent à la jonction des rivières des Outaouais et Gatineau. C'est ici, sur une propriété que la Couronne avait cédée à Wright, et après avoir prêté le serment d'allégeance à Montréal, que ces pionniers américains créèrent le premier établissement permanent dans l'ouest du Québec.

Ces colons déterminés réussirent à planter du blé le premier été, mais la moisson fut décevante, suffisant à peine à assurer leur subsistance. Lorsque la même chose se reproduisit l'année suivante, Wright dut constater à son grand désarroi qu'il avait changé de pays et voyagé près de mille milles pour faire de l'agriculture de subsistance.

C'est alors que Wright s'intéressa de nouveau aux peuplements de pins rouges et blancs qui foisonnaient sur les rives des rivières des Outaouais et Gatineau. Comme le hasard fait bien les choses, cet agriculteur d'origine américaine venait d'établir résidence en plein coeur d'une des plus importantes pinèdes d'Amérique du Nord britannique.

En 1806, Wright réussit enfin à extraire une première récolte commerciale de sa nouvelle propriété. Aidé de son fils Tiberius,

Fort Coulonge Falls / Chutes à Fort-Coulonge

squared timber downriver to Québec City. The trip took two months to complete, and another three months passed before the timber was sold for shipment to England. It was the last time Philemon Wright had trouble finding a buyer for his logs.

Britain was in desperate need of timber in the early 1800s. The country was at war with France, and the Baltic states, where Britain had formerly bought its timber, were now under the control of Napoleon. Starting in 1806, Her Majesty's Royal Navy relied on timber from British North America for her shipbuilding needs, much of it felled and shipped from the pine stands along the Gatineau and Ottawa rivers.

Philemon Wright prospered and his settlement soon boasted a grist mill, a sawmill, a tannery and an iron-working shop. Other settlers were drawn by the community's economic boom.

By the 1820s, most of the pines growing along the shores of the Ottawa River had been cleared, and the lumbermen started to expand northward, along the Gatineau and Lièvre rivers. The trees they felled were massive by today's standards, some of the white pines growing to heights of 80 metres and measuring 2 metres in diameter. Today, the largest pine trees in the Gatineau region are perhaps 45 metres tall and 1½ metres in diameter. And precious few of these remain.

Most of the pine trees were felled in winter. Many Irish, French and Scottish settlers left their farms in November to spend the winter in the bush, in rough logging-outpost living quarters called shanties. The extra income these early settlers made from logging was sorely needed to support their struggling farms, but the logging life was hard. The men often rose before dawn, ate breakfast, then walked to the logging site — often more than an hour away — where they would cut down trees until it was time to trudge back to the camp. When they arrived, it was dark.

Teams of horses dragged the logs to nearby rivers or lakes, where they were squared and placed on the ice. Often, the logs were made into rafts right on top of the frozen river. When the ice melted in the spring, the rafts were sent down the Gatineau River to the Ottawa, and eventually the St. Lawrence.

The huge rafts of logs were carried by the current to Québec City, but to take advantage of westerly winds, square sails were often constructed on makeshift masts in the centre of the rafts. Such vessels were steered by long oars called sweeps. The men who piloted the rafts slept aboard them, and their meals were cooked on open fires built on sand-covered platforms. In Québec City, the rafts were broken apart and the timber loaded onto ships for passage to England.

Until the 1830s, virtually all the lumber exported from the Gatineau Hills was shipped as squared timber, then cut into planks once it arrived in England. However, some companies began to build sawmills along the Ottawa River around this time,

Philemon guida son premier radeau de bois jusqu'à Québec. Le trajet dura deux mois, puis il dut attendre trois autres mois avant de vendre son bois à un acheteur d'Angleterre. Ce fut la seule fois que Philemon Wright eut de la difficulté à trouver preneur pour son bois.

L'Angleterre avait en effet un besoin pressant de bois au début du XIXe siècle. Elle était en guerre contre la France. Les pays baltes, qui l'approvisionnaient en bois, étaient passés sous le contrôle de Napoléon. Dès 1806, la marine britannique se tourna vers l'Amérique du Nord britannique pour trouver la matière première de ses navires. Une bonne partie de ce bois vint des pinèdes situées sur le bord des rivières des Outaouais et Gatineau.

Philemon Wright devint prospère. Son établissement compta bientôt une meunerie, une scierie, une tannerie et une forge. Le boom économique de la petite collectivité ne tarda pas à attirer d'autres habitants.

Dès le milieu des années 1820, presque tous les pins poussant le long de la rivière des Outaouais avaient été coupés. Les bûcherons commencèrent alors à moissonner les arbres plus au nord, le long des rivières Gatineau et du Lièvre. Ces arbres étaient de taille gigantesque si on les compare aux arbres d'aujourd'hui. Certains pins blancs atteignaient 80 mètres de hauteur et deux mètres de diamètre. Aujourd'hui, les plus grands pins de la région atteignent à peine 45 mètres et ne mesurent que 1,5 mètre de diamètre. Et ils sont peu nombreux.

Les pins étaient surtout coupés en hiver. Beaucoup de colons irlandais, écossais et canadiens français quittaient leurs fermes en novembre pour passer l'hiver dans des cabanes érigées près des chantiers. Ce revenu supplémentaire était essentiel à la survie de leurs fermes périclitantes, bien que la vie dans les chantiers ait été très difficile. Les hommes se levaient à l'aube, déjeunaient, se rendaient au chantier souvent situé à une heure de marche, et abattaient des arbres jusqu'à l'heure du retour au camp, qui se faisait toujours la nuit venue.

Des attelages de chevaux tiraient les arbres jusqu'aux rivières et lacs avoisinants, où ils étaient équarris et empilés sur la glace. On assemblait souvent des radeaux de bois directement sur la rivière. Lors de la débâcle au printemps, ils descendaient la Gatineau jusqu'à l'Outaouais qui les conduisait au Saint-Laurent.

Le courant transportait les énormes radeaux de bois jusqu'à Québec. Pour profiter des vents d'ouest, on érigeait souvent des voiles carrées sur des mâts de fortune au centre de chaque radeau. Pour guider ces embarcations, on utilisait un grand aviron. Les hommes qui les pilotaient dormaient sur les radeaux. Leurs repas étaient cuits sur des feux à découvert allumés sur des plateformes recouvertes de sables. À Québec, les radeaux étaient démantelés et le bois chargé sur des navires à destination de l'Angleterre.

Jusqu'à 1830, presque tout le bois exporté des collines de la

Irwin Stewart logging at Wakefield / M. Irwin Stewart, bûcheron, près de Wakefield

and these timber companies soon started toppling smaller trees. The companies marked their logs and sent them down the Gatineau in the spring without bothering to construct rafts. These smaller logs were collected at the sawmills and cut into planks for shipment as finished lumber to the United States or Maritime Canada.

During the heyday of logging in the Gatineau Hills, enough lumber was cut every year to make a cubic pile as high as the Peace Tower. In 1859, about 25 million board feet were cut. By 1896, that amount had risen to 343 million board feet. Timber — the emergency cash crop that Philemon Wright had needed in 1806 in order to survive in his new country — was now the economic mainstay of the region.

In fact, it was more than that. Timber *was* the economy. As unfathomable as it may seem today, in the mid-nineteenth century, white-collar, bureaucratic Ottawa was a rowdy, free-wheeling lumber town, a small village that existed primarily because it was built on a wide bend of the Ottawa River, past the rapids and falls of the rivers upstream in Québec, at a calm place where the timber rafts could be joined together for the trip to Québec City.

In 1850, Ottawa had the feel of a gold-mining boomtown. The region was prosperous and populated with hard-drinking, hard-working men who spent the better part of the year either in the bush or on the river, piloting log rafts. Ottawa was an intemperate backriver village. Many people could not believe the headlines when, in 1857, Queen Victoria designated this rough town the capital of the Province of Canada. The surprise decision was reaffirmed when the Dominion of Canada was created in 1867.

Although the federal government became the focus of the region in 1867, the lumber industry continued to play an important role in the area. In the 1860s, Ottawa was home to one of the largest milling operations in the world.

The last square-timber raft was sent to Québec City in 1908. Rising transportation costs to England and serious depletion of the pine stands along the Gatineau and Ottawa rivers made future trips impractical. The depletion of the pine stands also led to the closing of many sawmills along the Ottawa River.

But when the sawmills closed, pulp-and-paper mills were quick to open. The pulp-and-paper industry utilized the spruce of the watershed and upper Gatineau Valley — smaller, more plentiful trees — and quickly became one of the most important industries in the area. The pulp-and-paper mills kept lumbermen working for another eighty-four years, until the final log run down the Gatineau River in the spring of 1992.

Although logs are now trucked to the mills instead of floated downriver, the timber industry is still vital to the region. Many small towns along the Gatineau and Ottawa rivers depend on pulp-and-paper mills for their economic survival. The E.B. Eddy

Gatineau partait sous forme de billes équarries, qui étaient transformées en planches en Angleterre. Toutefois, certaines entreprises commencèrent alors à construire des scieries le long de la rivière des Outaouais et à moissonner des arbres plus petits. Elles identifiaient leurs billes qu'elles jetaient à la Gatineau au printemps sans les assembler en radeaux de bois.

Ces petites billes étaient recueillies à la scierie, où elles étaient transformées en planches expédiées aux États-Unis, au Bas-Canada ou vers les Maritimes.

Au cours de la période la plus active de l'exploitation forestière des collines de la Gatineau, on coupait assez de bois chaque année pour ériger une pile cubique haute comme la Tour de la Paix. En 1859, on scia environ 25 millions de pieds-planche. En 1896, on en scia 343 millions. Le bois, cette récolte d'urgence qui avait permis à Philemon Wright de survivre en 1806 dans son nouveau pays, était devenu le moteur économique de la région.

De fait, l'exploitation forestière était non seulement le moteur de l'économie, elle *constituait* l'économie. Bien que ce soit difficile à imaginer aujourd'hui quand on voit à quel point elle est devenue une ville bureaucratique, la ville qui allait devenir la capitale du Canada n'était à l'époque qu'un village bruyant aux portes ouvertes. Bytown avait été érigé près d'un grand coude de la rivière des Outaouais, en aval des rapides et des chutes des cours d'eau situés au nord, dans un endroit calme où on pouvait assembler les radeaux de bois pour le long voyage à Québec.

En 1850, Bytown (la ville ne prendra le nom Ottawa qu'en 1854 au moment de son incorporation) avait toutes les allures d'une ville en proie à une ruée vers l'or. Cette région prospère était peuplée d'hommes coriaces qui passaient la majeure partie de l'année dans le bois ou sur la rivière à conduire des radeaux de bois. Bytown n'était qu'un petit village de province où l'alcool coulait à flot. Le choix d'Ottawa comme capitale de la province du Canada en 1857 par la reine Victoria fut accueilli avec beaucoup d'incrédulité par de nombreuses personnes. Cette décision allait d'ailleurs être confirmée en 1867 lors de la création du Dominion du Canada.

Bien que l'aménagement d'un nouveau gouvernement allait amorcer un virage économique à partir de 1867, l'industrie forestière continua à jouer un rôle de premier plan dans la région. En effet, une des plus grandes scieries au monde s'était établie à Ottawa au cours des années 1860.

En 1908, le dernier radeau de bois prenait le chemin de Québec. L'augmentation des frais d'expédition vers l'Angleterre et la disparition des pinèdes le long des rivières Gatineau et des Outaouais avaient eu raison de cette activité économique. On assista également à la fermeture de bon nombre des scieries établies le long de la rivière des Outaouais.

Mais le malheur des uns fait le bonheur des autres. Dès la fermeture des moulins à scie, des usines de pâtes et papier ne

Company still operates a paper mill next to Chaudière Falls, near the original site of Philemon Wright's settlement. The mill, with its massive smokestack, falls easily within the backdrop of the Parliament Buildings.

Companies such as James Maclaren Ltd., Canadian Pacific Forests Products, and E.B. Eddy employ thousands of people in Western Québec. The city of Gatineau has a giant, state-of-the-art Canadian Pacific Forests paper mill as part of its downtown core. Looking at the modern, computerized control room of such a mill, it is hard to believe that this is an industry that once survived on draft horses, squared-timber rafts, and the sweat of immigrant farmers and itinerant labourers.

Though the modern mill may be run by computers, out in the back country logging still starts in the same labour-intensive way as it did almost two hundred years ago. The lumbermen who work the Gatineau bush today do what their great-grandfathers did: chop down a tree, drag it through the bush, return for another — pretty much as Gatineau lumbermen have done since the days of Philemon Wright. Computers or no computers.

tardèrent pas à surgir. L'industrie des pâtes et papier pouvait, elle, transformer les épinettes plus petites mais abondantes dans le bassin hydrographique de la Gatineau et dans la vallée de la Haute-Gatineau. Elle ne tarda pas à prendre une importance considérable dans la région. Ces usines allaient d'ailleurs fournir du travail aux bûcherons pendant les quatre-vingt-quatre années à suivre, car ce n'est qu'au printemps de 1992 qu'eut lieu le dernier flottage de bois sur la rivière des Gatineau.

Bien que les grumes soient maintenant transportées à bord de camions, l'industrie forestière joue toujours un rôle important dans la région. La survie de nombreux villages le long de la Gatineau et de la rivière des Outaouais dépend des usines de pâtes et papier. La Compagnie E.B. Eddy exploite toujours une usine de papier près des chutes des Chaudières, à proximité de l'emplacement de l'établissement original de Philemon Wright. L'usine, avec sa grande cheminée, se voit d'ailleurs facilement depuis le Parlement canadien.

Des entreprises comme la Compagnie James MacLaren, les Produits forestiers Canadien Pacifique et les Produits forestiers E.B. Eddy ont un effectif de plusieurs milliers de personnes dans l'ouest du Québec. On trouve au centre-ville de Gatineau la très grande et très moderne usine de papier des Produits forestiers Canadien Pacifique. Quant on voit le raffinement technologique de la salle de commande informatisée, on peut difficilement croire que cette industrie dépendait jadis des chevaux de trait, des radeaux de bois équarris et de la sueur des immigrants et des journaliers itinérants.

Bien que l'usine moderne soit commandée par des ordinateurs, dans les chantiers, les bûcherons doivent faire un travail qui est tout aussi exténuant qu'il y a deux cents ans. Les bûcherons de la Gatineau font comme faisaient leurs arrière-grands-pères : ils abattent un arbre et le sortent de la forêt en le traînant. Puis, ils retournent chercher le suivant. C'est comme cela que ça se passe depuis les jours de Philemon Wright, et les ordinateurs n'y ont pas changé grand-chose.

Covered bridge at Val-des-Bois, Québec / Le pont couvert à Val-des-Bois

Coulonge River Canyon

Canyon de la rivière Coulonge

Gatineau River at Cascades / La rivière Gatineau, Cascades

*Log flume
at the Chelsea Dam*

*Glissoire de billes
au barrage Chelsea*

The last log drive of the year, Baskatong Lake, at the headwaters of the Gatineau River.

Le dernier flottage de l'année au réservoir Baskatong, source de la rivière Gatineau.

Moon rises over the Robertson farmhouse, Cantley / Lever de lune sur la ferme Robertson à Cantley

Fishing in Baskatong Lake, the source of the Gatineau River / Pêche sur le réservoir Baskatong, source de la rivière Gatineau

Log home and spring blossoms, Cascades / Maison en rondins et fleurs printanières, Cascades

ARRIVAL OF THE DREAMERS

SOUS L'EMPRISE D'UN RÊVE

The people who came to the Gatineau Hills in the 1800s were a disparate group — Scottish and French, Irish and American, pious monks and hard-drinking shantymen, hermits who settled their two Crown lots downriver from wealthy timber barons.

If there were threads of commonality among the settlers, these were ambition, stubborn independence and eccentric individualism. Such pioneers had certainly come to the right place: a land of lakes, hills and rocky outcrops where it is difficult even to build large communities, a land that holds the individual dear to its heart.

One of the first settlers to arrive after Philemon Wright was Asa Meech, a congregationalist minister from New England who had extraordinary skills in both preaching and procreating. Meech had six children by his first wife, five by his second, and ten by his third. His original house still stands and is one of the oldest structures in Gatineau Park. It is not as large as you might think.

In the early 1820s, following the arrival of Reverend Meech, and in the dawning days of the timber industry, there came a steady stream of settlers. The Pink brothers arrived from Belfast and eventually gave their names to a lake in Gatineau Park and a road along its boundary. They were followed by the Lacharités, one of the first French families to settle in the region. Then came the Moffats, the Harringtons, and dozens of other families who are remembered in the names of area lakes, mountains or roads.

James Maclaren came to the Gatineau Hills with his parents and four brothers in 1840, and he left his name on more than a lake. Maclaren became one of the wealthiest and most successful timber barons in Western Québec. Maclaren's father, David, had come to Canada from Glasgow in 1824 and had settled in Richmond,

Les premiers colons à venir s'établir dans les collines de la Gatineau au début du XIXe siècle forment un groupe hétéroclite composé d'Écossais et de Canadiens français, d'Irlandais et d'Américains, de moines pieux et de buveurs invétérés entre deux chantiers, d'ermites qui érigeaient leurs modestes habitations sur les lopins de terre que leur avait cédé la Couronne à quelques lieues des propriétés des riches magnats du bois.

Quels liens réunissaient tous ces gens ? L'ambition, une soif d'indépendance à toute épreuve et un individualisme frôlant l'excentricité. Ces premiers pionniers ne s'étaient pas trompés. Ils avaient choisi un endroit tacheté de lacs et ponctué de collines et de terrains rocailleux, résistant à l'émergence de grandes agglomérations, un pays où il fait bon être seul.

Asa Meech fut un des premiers colons à s'établir dans la région après Philemon Wright. Ministre congrégationaliste venu de Nouvelle-Angleterre, Meech avait des talents exceptionnels pour prêcher et procréer. En effet, sa première femme lui donna six enfants, sa deuxième, cinq et sa troisième, dix. Sa maison, plus modeste qu'on serait porté à le croire, est une des plus anciennes constructions à se trouver dans le parc de la Gatineau.

Peu de temps après l'arrivée du révérend Meech, soit vers le début des années 1820, les colons se mirent à affluer alors que l'industrie forestière commençait à prendre de l'expansion. Les frères Pink de Belfast donnèrent leur nom à un lac dans le parc de la Gatineau ainsi qu'à un chemin en bordure du Parc. Ils furent suivis par les Lacharité, une des premières familles canadiennes-françaises à s'établir dans la région. Puis vinrent les Moffat, les Harrington et des douzaines d'autres familles qui ont légué leurs noms à des lacs, des collines ou des chemins de la région.

Spring wildflowers (bloodroot) / Fleurs printanières (sanguinaires)

Meech Lake as seen through window of Carbide Willson's house / Le lac Meech, tel qu'on l'aperçoit d'une fenêtre de la maison de Carbide Willson

Ontario (Upper Canada). Sixteen years later, the family packed up and moved to Wakefield, where James and his brother John soon purchased the local grist mill. The brothers — eventually just James — went on to construct sawmills at Wakefield, Buckingham and Masson, and were instrumental in opening up much of the Gatineau Hills. The J. Maclaren Company still operates today.

Although the missionaries, explorers and traders of New France travelled frequently up the rivers of the Gatineau region, they were not among the first settlers. The first community of French-speaking settlers was a group of forest workers who made their homes at the mouth of the Gatineau River in the late 1820s. The names of the communities in the Gatineau region — Buckingham, Wakefield, Chelsea, Cantley, Breckenridge and Hull — reflect its English origins. (It should be noted that a number of French families settled to the north of the region.)

Perhaps the most famous of the early French settlers in the Gatineau region was Louis-Joseph Papineau, who settled in Montebello and became leader of the Patriot Rebellion in Lower Canada in 1837-38. After an eight-year exile, Papineau returned to his seigneury in Montebello, where he built a grand manor house between 1846 and 1850. The house still stands and is open to visitors in the summertime. Nearby is the mortuary chapel built by Papineau for his family in 1855.

Of all the dreamers who came to the Gatineau Hills, a special place of honour is reserved for Thomas "Carbide" Willson.

Willson was an inventor, a gifted workshop inventor and tinker in the golden age of gifted workshop inventors and tinkers. He made his fortune by the age of thirty. This boy wonder from Hamilton, Ontario, invented calcium carbide and acetylene, and was the young peer of such famous inventors as Thomas Edison and Alexander Graham Bell.

In 1901, Willson, then forty and fabulously rich, moved to Ottawa with his wife, Mary, and their young family. The Willsons purchased a house on Metcalfe Street — one of Ottawa's most prestigious turn-of-the-century addresses — and Mary quickly earned a reputation as one of the best hostesses in the city. Willson continued his tinkering, and nothing pleased him more than taking politicians on tours of his basement laboratory, which he considered the best-equipped lab in North America.

Shortly after their arrival in the nation's capital, the Willsons began looking for a summer house in the country. After renting a house on scenic Meech Lake for a summer, the Willsons purchased land along the north shore of the lake, and construction of their new summer home commenced in 1907.

It was around this time that the story of Thomas "Carbide" Willson took an unexpected turn. People in the area still speculate on what actually happened, on what went wrong when Willson moved to the Gatineau Hills. This is a place where fog comes early in the evening and stays until late the following morning, where

Le nom de James Maclaren, qui vint s'établir dans la Gatineau avec ses parents et ses quatre frères en 1840, n'est pas seulement connu pour des raisons toponomiques. Maclaren devint un des plus riches magnats du bois dans l'ouest du Bas-Canada. Né à Glasgow, en Écosse, son père, David Maclaren, immigra au Canada en 1824 et s'établit à Richmond, dans le Haut-Canada. Seize ans plus tard, la famille déménage en direction de Wakefield, où James, associé à son frère John, ne tarde pas à acheter le moulin à farine. Les frères — éventuellement il n'y aura plus que James — construisent des scieries à Wakefield, à Buckingham et à Masson. Ils joueront un rôle de premier plan dans l'exploitation forestière de la région. La Compagnie James Maclaren est d'ailleurs toujours active.

Bien que les missionnaires, les explorateurs et les marchands de Nouvelle-France montaient souvent les rivières de la Gatineau, ils ne furent pas parmi les premiers colons francophones. Cet honneur revient à un groupe de bûcherons qui s'établirent à l'embouchure de la Gatineau vers la fin des années 1820. Les noms des collectivités de la région, Buckingham, Wakefield, Chelsea, Cantley, Breckenridge et Hull, reflètent la prédominance anglophone. (Il faut toutefois noter que bon nombre de familles francophones se sont établies plus au nord.)

Louis-Joseph Papineau est sans doute le francophone le plus célèbre de la Gatineau. Le chef des Patriotes lors de la Rébellion de 1837 au Bas-Canada habitait à Montebello. À la suite de son retour d'exil qui avait duré huit ans, Papineau retrouva sa seigneurie à Montebello, où il fit construire un magnifique manoir entre 1846 et 1850. De nos jours, sa résidence accueille les visiteurs en été. On peut également apercevoir à proximité la chapelle funèbre érigée par Papineau pour sa famille en 1855.

Parmi tous les rêveurs qui vinrent s'établir dans la Gatineau, il faut réserver une place de choix à Thomas « Carbide » Willson.

Willson était un « patenteux », un inventeur doué à une époque où on inventait le monde moderne. Il était devenu riche avant d'avoir 30 ans. Ce génie en herbe de Hamilton en Ontario avait découvert le carbure de calcium et l'acétylène. Thomas Edison et Alexander Graham Bell étaient parmi ses collègues les plus célèbres.

En 1901, Willson, âgé de 40 ans et fabuleusement riche, s'établit à Ottawa avec son épouse Mary et sa jeune famille. Peu après leur arrivée à Ottawa, les Willson eurent envie d'une maison d'été à la campagne. Après avoir loué une maison en bordure du pittoresque lac Meech, les Willson décidèrent d'acheter un terrain sur la rive nord et commencèrent en 1907 la construction de leur nouvelle résidence.

Ce serait à cette époque que la saga de Thomas « Carbide » Willson aurait connu un revirement inattendu. Les gens du coin continuent d'ailleurs à proposer diverses explications de ce qui a pu se passer, du malheur qui frappa Willson lorsqu'il vint s'établir dans ce pays où le brouillard surgit à la brunante et reste jusqu'au lendemain matin, où en entendait parfois des capucins entonner

Capuchin monks once chanted midnight hymns from canoes paddled to the middle of the lake. Some say that the sheer beauty and transcendental charm of Meech Lake led Willson to cast aside a life of Victorian common sense for one of wild dreams and excess.

No sooner had Willson moved to Meech Lake than he became obsessed with his latest research project, an exhaustive study of nitrogen gas. Willson was looking for ways to use nitrogen in fertilizer, convinced that such an discovery would be the crowning achievement of his life.

The Willsons' Meech Lake summer house soon became his nitrogen research headquarters. When the house grew cluttered with test tubes and Bunsen burners, he built an outside workshop. He also built a powerhouse, a dam and an acid tower at Meech Creek, so that he could conduct his experiments on the grandest scale possible.

Reports of the day said Willson used 1,004 bags of cement to build his dam. He spent $100,000 in the construction of the powerhouse. He claimed that the acid tower next to it was the only "phosphoric acid condensation plant" in the world. The entire scientific complex was erected in wilderness so dense and private that it is today used primarily by nude sunbathers.

Willson's various companies were sold to pay for ongoing construction and research. He took out loans against his patents. He worked at the fertilizer plant night and day, starting early and staying long after his tradesmen and research assistants had left to spend their evenings with family and friends.

In the end, Willson lost everything. His plant never produced fertilizer. The acid tower burned to the ground shortly after it was built. His patents — which would have been worth billions of dollars today — were sold for a song in 1913 to American tobacco tycoon J.B. Duke.

In 1915, while in New York trying to arrange financing, Thomas "Carbide" Willson died. The conventional story says that he died of a heart attack. At least one Capuchin monk, writing in his memoirs, said Willson's death was a suicide.

Today, visitors to Meech Lake see little sign of Willson's wild dream. There is a stone foundation where the powerhouse once stood. The dam is gone. And broken glass and some rotting, blackened timber are all that remain of the acid tower. The forest surrounding the site is dense and well on its way to reclaiming the land it almost lost to a tragic visionary nearly a century ago.

Willson's original Meech Lake house has fared better. It was purchased by the federal government in 1979. It is now the government's conference centre at Meech Lake, the place where the ill-fated Meech Lake Accord was signed in 1989.

The house, it seems, still attracts ambitious dreamers.

à minuit des hymnes, depuis leurs canoës arrêtés au milieu des lacs. Certains prétendent que c'est la beauté ineffable et le charme transcendental du lac Meech qui encouragèrent Willson à abandonner une vie forgée aux réalités victoriennes pour donner libre cours à ses rêves les plus fous.

Toujours est-il que Willson avait à peine aménagé au lac Meech qu'il devint obsédé par son dernier projet de recherche, une étude approfondie de l'azote. Convaincu que cette découverte allait assurer sa renommée, Willson voulut transformer l'azote en engrais.

La résidence d'été au lac Meech ne tarda pas à devenir son centre de recherches sur l'azote. Lorsqu'il n'y eut plus de place pour les éprouvettes et les becs de gaz, il se fit construire un atelier, ainsi qu'un centrale d'électricité, un barrage et une citerne pour des produits acides sur le ruisseau Meech. Il voulait réaliser des expériences à grande échelle.

Selon les témoignages de l'époque, Willson aurait utilisé 1 004 sacs de ciment pour construire son barrage. La centrale d'électricité coûta 100 000 $. Il affirma que sa citerne de produits acides qui la voisinait était la seule « usine de condensation d'acide phosphorique » au monde. Ce complexe scientifique fut érigé dans une forêt si dense et si isolée que de nos jours, l'endroit sert surtout à des nudistes en mal de soleil.

Willson vendit ses diverses entreprises pour défrayer la construction de ce complexe ainsi que les expériences qu'il y faisait. Il donna ses brevets en gage de prêts. Il travaillait jour et nuit à son usine d'engrais, commençant tôt le matin et continuant bien après que ses ouvriers et ses adjoints de recherche avaient retrouver familles et amis.

Willson ne récolta que ruine. Son usine ne produisit jamais d'engrais. La citerne s'enflamma peu après sa construction. Ses brevets, dont la valeur actuelle se chiffrerait dans les milliards, furent vendus pour presque rien à J.B. Duke, richissime magnat du tabac américain.

Thomas « Carbide » Willson mourut à New York en 1915 alors qu'il cherchait à obtenir des garanties de financement. Selon sa nécrologie, il aurait succombé à un infarctus. Mais dans ses mémoires, un moine capucin affirme qu'il s'agit plutôt d'un suicide.

De nos jours, les visiteurs au lac Meech voient peu de traces du rêve fou de Willson. Il y a bien une fondation de pierre où se trouvait la centrale électrique. Le barrage n'existe plus. On peut aussi apercevoir des éclats de verre et des poutres noircies décomposées, des restes de la citerne. La forêt dense qui entoure le site se referme peu à peu sur le terrain qu'avait fait défricher il y a près d'un siècle ce tragique visionnaire.

Par contre, sa maison au lac Meech a connu un sort plus heureux. Elle fut achetée par le gouvernement fédéral en 1979 pour en faire un centre de congrès. C'est d'ailleurs à cet endroit que l'Accord du lac Meech fut signé en 1989.

Il semblerait que la maison attire toujours les rêveurs ambitieux.

Winter in Cantley / Hiver à Cantley

Milk's home, built during
Confederation period, Cantley

Résidence Milk,
construite vers 1867, à Cantley

Boy with crayfish,
Lac Phillipe, Gatineau Park

Garçon à l'écrivisse,
Lac Phillipe, parc de la Gatineau

The Barn was built from a Confederation-period log building bought in Ontario and reassembled in Cantley by Bob Phillips.

M. Bob Phillips a construit cette « grange » à Cantley en utilisant des matériaux provenant d'un bâtiment ontarien datant de la Confédération.

Haying at Meech Creek / Saison des foins au ruisseau Meech

Aerial view of the Gatineau Hills and Gatineau River / Vue aérienne sur les collines de la Gatineau et la rivière Gatineau

KING OF KINGSWOOD

Among the most famous residents of the Gatineau Hills was Canada's tenth prime minister, William Lyon Mackenzie King. King was as eccentric and iconoclastic a man as ever toiled in the field of Canadian politics, and given his personality, it is no wonder that he chose to make his home in this rugged, mysterious land next to the nation's capital.

King first came to Ottawa in 1900 as Canada's twenty-six-year-old deputy minister of labour. In 1908, he was elected in North York as a Liberal, and in 1909 entered Sir Wilfrid Laurier's cabinet as minister of labour. He became leader of the Liberal party ten years later, and prime minister in 1921.

By the time he was elected prime minister, King had already been a resident of the Gatineau Hills for nearly twenty years. The future prime minister first saw Kingsmere Lake — and the land that was to become his country estate — while on a bicycle trip through the Gatineau Hills on Thanksgiving Day, 1900. If King was as superstitious as many historians now believe him to have been, perhaps at the time he took it as a sign that a mountain in these Gatineau Hills already bore his name.

Whatever his intitial attraction, King soon fell in love with the Kingsmere area, and he purchased his first property on the shore of the lake two years later. Over the next four decades, King built or bought three homes near Kingsmere Lake, each grander than the previous one.

The first house that King built was fairly modest in size and appearance. Constructed in the summer of 1903, it was a small, one-bedroom cottage overlooking the lake. King's summer home was so small that overnight visitors had to sleep in a tent that the cabinet minister pitched next to the cottage for such occasions. It was not until 1916 that King expanded the cottage by adding two more bedrooms so that his parents could summer at Kingsmere.

UN CERTAIN M. KING

La Gatineau a compté parmi ses résidents les plus notables le dixième premier ministre du Canada, William Lyon Mackenzie King. King est une des personnalités les plus excentriques et les plus particulières de la politique canadienne. Plus on découvre l'homme, plus on comprend pourquoi il a choisi de faire sienne cette terre sauvage et mystérieuse située à proximité de la capitale canadienne.

L'histoire commence en 1900 alors que Mackenzie King, âgé de 26 ans, arrive à Ottawa pour occuper le poste de sous-ministre au ministère du Travail. En 1908, il est élu député de North York sous la bannière du Parti libéral, et en 1909, il devient ministre du travail sous le gouvernement de Sir Wilfrid Laurier. Dix ans plus tard, il devient chef de son parti et en 1921, il est élu premier ministre.

Au moment de devenir premier ministre, King habite déjà dans la Gatineau depuis vingt ans. En effet, King aperçut pour la première fois le lac Kingsmere ainsi que la propriété qui allait devenir son domaine lors d'une excursion de vélo le jour de l'Action de grâce en 1900. Si King était un homme superstitieux comme le prétendent de nombreux historiens contemporains, il a peut-être vu comme un bon présage le fait qu'une colline porte son nom.

Peu importe sa motivation première, King ne tarda pas à succomber aux charmes de la région de Kingsmere. Deux années plus tard, il acheta sa première propriété sur le bord du lac. Au cours des quatre décennies suivantes, King allait construire ou acheter trois maisons près du lac Kingsmere, les unes plus grandes que les autres.

La première maison de King était de dimension et d'apparence assez modeste. Construite au cours de l'été de 1903, elle était en réalité un petit chalet à une chambre surplombant le lac. La résidence d'été de King était si petite que ses visiteurs devaient

---

The Abbey, Kingsmere / L'Abbaye à Kingsmere

Window on the forest, Kingsmere / Fenêtre sur la forêt, Kingsmere

King's father died at Kingsmere that same year, his mother the following year. In the summer of 1917, King was frequently seen carrying his invalid mother down the hill in front of his cottage. There, mother and son would sit by the lake and talk. At the end of the evening, King would carry his mother up the hill and put her to bed. Looking at the long, steep incline that runs from the lake to the cottage, today's visitors can only wonder at the devotion — and strength — such an evening ritual would have entailed.

After extending his first cottage, King kept on building. Soon his summer cottage was joined by a boathouse, an icehouse, a garage for his government car, and other outbuildings. In 1922, King bought a house on an adjoining piece of land and turned it into a guest cottage — a reluctant acknowledgment that a prime minister could not ask visiting dignitaries to share his small dwelling, nor to sleep outdoors in a tent.

When enough land had been bought and enough buildings constructed, King gave his property a name. He called his summer home Kingswood.

King lived at Kingswood until 1929. Visitors to Kingswood are often surprised by how modest our tenth prime minister's original summer home appears. Even the furniture at Kingswood lacks elegance. And for good reason: King purchased much of it at second-hand stores in Ottawa. While a prime minister shopping at neighbourhood services would make front-page news today, in King's day the citizens of Ottawa gave it little thought. If anything, the prime minister's almost obsessive frugality was admired.

In the spring of 1929, King's doctor finally convinced him to move out of his cramped cottage at Kingswood, something neither his friends nor his political advisers had previously been able to do. The doctor informed King that he suffered from sciatica, a neuralgia of the hip and thigh thought to be made worse by dampness. King was told he had to leave Kingsmere Lake.

But if the good doctor expected the prime minister to pack his bags and move back to Ottawa, he was soon disappointed. Five years before the sciatica diagnosis, King had purchased a house directly behind Kingswood. If the doctor wanted King to move away from the lake, then the doctor would get his wish. King moved to his new house — approximately 275 metres behind his cottage.

King dubbed his new home Moorside, after the uncultivated upland field, or moor, which surrounded the house. Although Moorside is now the centre of King's estate, the place where visitors arrive and where tours of the estate begin, King lived in this house for only six years. He repeatedly defied his doctor's instructions and hiked down to Kingswood to work, explaining that this small cottage was where he found his inspiration. He also complained about the wind at Moorside. The wind so annoyed King, and was such a hindrance to his concentration, that he eventually planted a row of pines to act as a windbreak.

dormir sous une tente que King érigeait au besoin à côté du chalet. Ce n'est qu'en 1916 que King ajouta deux chambres au chalet pour que ses parents puissent passer l'été à Kingsmere.

Le père de King est d'ailleurs mort à Kingsmere en 1916. Sa mère mourut l'année suivante. Au cours de l'été de 1917, on pouvait souvent voir King transporter sa mère invalide jusqu'au bas de la colline au haut de laquelle était perché le chalet. La mère et le fils passaient alors la journée au bord du lac à parler. En fin de soirée, King prenait sa mère dans ses bras, remontait la colline et la mettait au lit. De nos jours, les visiteurs qui contemplent la longue pente inclinée qui va du lac au chalet s'émerveillent devant cette dévotion filiale — sans parler de la force physique — que ce rituel de fin de journée représentait.

Après avoir agrandi son premier chalet, King entreprit d'autres projets de construction. Peu de temps après, un abri à bateau, une glacière, un garage pour l'auto qui lui était fournie par le gouvernement ainsi que d'autres bâtiments connexes venaient compléter le chalet. En 1922, King acheta une propriété avoisinante et aménagea la maison à l'intention de ses invités, en reconnaissance tardive du fait qu'un premier ministre ne pouvait pas demander aux dignitaires de passage de partager sa petite résidence ou de coucher sous une tente.

Lorsqu'il eut acheté les propriétés et les bâtiments qui l'intéressaient, King décida de nommer sa résidence d'été Kingswood.

King habita à Kingswood jusqu'en 1929. Aujourd'hui, les visiteurs sont souvent étonnés de constater à quel point la résidence d'été du dixième premier ministre canadien est modeste. Même les meubles de Kingswood manquent d'élégance et pour une simple raison : King en trouva bon nombre dans les magasins d'occasion d'Ottawa. De nos jours, un premier ministre qui s'approvisionnerait aux puces ne manquerait pas de défrayer la chronique, mais à l'époque, les citoyens d'Ottawa accordaient peu d'importance à ce genre de choses. Quand on s'intéressait aux dépenses personnelles du premier ministre, c'était pour admirer ses habitudes frugales qui viraient parfois à l'obsession.

Au printemps de 1929, le médecin de King réussit à le convaincre de quitter son chalet encombré de Kingswood, chose que n'avaient pu faire amis et conseillers politiques. Le médecin l'avisa qu'il souffrait de sciatique, une névralgie de la hanche et de la cuisse qui était aggravée, croyait-on, par l'humidité. King devait quitter le lac Kingsmere.

Mais c'était mal connaître King que de penser que le premier ministre allait plier bagages sur-le-champ pour se réfugier à Ottawa. Cinq ans après avoir été informé du diagnostic, King acheta une maison située directement à l'arrière de Kingswood. Ce que médecin veut, premier ministre peut... à certaines conditions : la nouvelle maison serait située à environ 275 mètres de l'ancienne.

Sunset at
Black Lake, Gatineau Park

Coucher de soleil sur le
lac Black, parc de la Gatineau

In 1935, shortly after being re-elected prime minister, King purchased The Farm, a house that bordered Moorside. He lived in this house until his death in 1950. By far the grandest of King's three homes, The Farm is now the official residence of the speaker of the House of Commons.

It was while living at Moorside and The Farm that King played out his private fantasy of being an English country squire. The prime minister planted wildflower gardens, built stone fences, and went for evening walks in the woods, dressed in grey tweeds and flannel breeches, and always accompanied by one of his three successive Irish terriers, Pat I, Pat II or Pat III.

At The Farm, King went so far as to hire a local farmer to grow crops and raise chickens for him — a tenant farmer, if you will, for the English landowner. One year, King even ordered sheep for his farm. The prime minister had limited knowledge of sheep, but had deduced from pictures that they were soft, gentle, beautiful creatures that would lend an even more pastoral air to his property. When the sheep arrived, King was surprised to discover they were, in truth, rather dirty and smelly. The sheep lasted a year.

Then there were the "ruins," King's most memorable attempt at reconstructing a classic English country estate. King's collection of ruins came from buildings demolished in Canada and abroad. One ruin, called Window on the Forest, came from the old Ottawa Bank of British America building. The Abbey Ruin is a collection of various ruins, including pillars and stones from the original Parliament Building, destroyed by fire in 1916.

King sought to recreate the eighteenth- and nineteenth-century romantic ideal of the Picturesque. He told visitors that the ruins gave his estate a more dignified appearance. He laboured over them for years, moved them to various parts of the estate, even had some pieces constructed from scratch by tradesmen in Ottawa when his original acquisitions were deemed unsatisfactory.

Kingswood, Moorside and The Farm were home to King for forty-seven years. In his will, King referred to his estate in the Gatineau Hills as his "real" home. Twenty-Four Sussex Drive, the official residence of Canada's prime minister, was a place for work and meetings, and for the hatching of the political schemes and intrigues — at which King excelled and which kept him and his government in power, off and on, for twenty-two years.

His estate at Kingsmere, however, was the place where King lived, where he dreamed and relaxed and entertained. The bachelor prime minister was loved in the Gatineau Hills. Some long-time residents still tell tales of King stealing their Sunday pot roast right off the stove because an ambassador had unexpectedly dropped by and there was no food in the Moorside pantry.

Modern historians say that during King's time at Moorside and The Farm, he held seances and attempted to talk to his dead mother and his three expired terriers. A quick walk on the grounds

King baptisa sa nouvelle résidence Moorside, d'après le champ recouvert de bruyères (en anglais, *moor*) qui entourait la maison. Bien que Moorside soit devenu le centre du domaine King, le lieu d'accueil des touristes et le point de départ des visites guidées, King ne vécut que six années dans cette maison. Quant aux consignes de son médecin, elles ne l'empêchèrent pas de descendre à Kingswood pour travailler, car, disait-il, le chalet était la source de son inspiration. Et puis, à Moorside, il ventait. Le vent dérangeait tellement sa concentration que King finit par planter une rangée de pins pour ne plus l'entendre.

En 1935, peu de temps après avoir été réélu premier ministre, King acheta « la ferme », propriété adjacente à Moorside. Il y habita jusqu'à sa mort en 1950. De loin la plus imposante des trois maisons de King, « la ferme » est maintenant la résidence officielle du président de la Chambre des communes.

C'est alors qu'il habitait dans ses deux dernières résidences que King s'imagina propriétaire terrien anglais. Il fit planter des jardins de fleurs sauvages et construire des clôtures de pierre. Avec ses vêtements en tweed gris et ses haut-de-chausses en flanelle, King aimait se promener à la tombée du jour, accompagné des trois terriers irlandais qui se succédèrent à ses côtés, Pat I, Pat II ou Pat III.

À la ferme, King poursuivit son fantasme au point d'embaucher un fermier pour cultiver sa terre et élever des poulets. Celui-ci devait jouer le rôle de métayer pour ce « propriétaire anglais ». Une fois, King commanda des moutons pour sa ferme. Le premier ministre ne connaissait pas très bien les moutons, mais il avait conclu à partir de photos et de peintures de l'époque qu'il s'agissait de jolies créatures paisibles et tranquilles qui ajouteraient une note pastorale à son domaine. Lorsque les moutons furent livrés, King fut surpris d'apprendre que les moutons, c'est plutôt sales et malodorants. L'année suivante, il n'y avait plus de moutons à Moorside.

Enfin, il y a les « ruines », la tentative la plus pittoresque de King de reconstruire un domaine anglais séculaire. La collection King de ruines provient de bâtiments détruits au Canada et à l'étranger. L'une d'entre elles, surnommée « fenêtre sur la forêt », provient de l'ancien immeuble de la Bank of British America à Ottawa. La ruine de l'abbaye est un assemblage de divers éléments dont des piliers et des pierres provenant du Parlement canadien qu'avait détruit un incendie en 1916.

King voulait recréer l'idéal romantique de l'école pittoresque du XVIIIe et du XIXe siècles. Il expliquait à ses visiteurs que les ruines ajoutaient une impression de noblesse à son domaine. Il consacra de nombreuses années à ces constructions, les déplaçant au gré de ses humeurs. Il fit même fabriquer certaines pièces par des ouvriers spécialisés à Ottawa lorsque ses achats s'avéraient insatisfaisants.

King habita 47 ans à Kingswood, à Moorside et à « la ferme ». Dans son testament, King indiqua que son domaine dans la

of Moorside and few would come away surprised by this news. If a man had a penchant for spiritualism and mysteries, this would be the sort of home he would create. This is the type of place that would inspire his imagination.

The Canadian government has preserved Kingswood and Moorside as a museum for the people of Canada. The government has rightfully decided that it is this estate, with its ruins and gardens, its small cottages, and its prim and proper sitting rooms, that best represents King's life and passions. Indeed, without an understanding of the Kingsmere estate, William Lyon Mackenzie King would remain an enigma for many historians confronted by the prime minister's colourless public persona on the one hand and his sublime, almost transcendental diaries on the other. It is here that all the pieces of a complex man come together.

In his will, King made a final acknowledgment of how important the Gatineau Hills had been to him, in both his political and his private lives. He wrote:

I had not been long in office before I conceived the idea of acquiring sufficient land to make the Kingsmere properties into a park which would be worthy of its location in the immediate vicinity of Ottawa, and which some day I might present to my country as a thanks-offering for the opportunities of public service which the people of Canada have given me.

King left us 600 acres (243 ha). This land now forms the nucleus of Gatineau Park, an 88,000-acre (35,600 ha) federal park. Even in death, King's dreams had an eerie way of becoming real.

Gatineau était sa « vraie » résidence. 24 Sussex, la résidence officielle du premier ministre du Canada, était un lieu de travail et de rencontres, l'endroit où se préparaient des projets et des intrigues politiques. King en était le grand maître, car son gouvernement demeura au pouvoir, par intervalles, pendant 22 ans.

Mais son domaine à Kingsmere était l'endroit où King vivait, un lieu où il rêvait, se reposait et recevait ses amis. Le premier ministre célibataire était beaucoup aimé dans la Gatineau. Certains résidents à la mémoire longue se souviennent d'un premier ministre s'emparant à la sauvette de leur rôti du dimanche soir, avouant qu'un ambassadeur était survenu à l'improviste et qu'il n'y avait rien à manger à Moorside.

Les historiens contemporains affirment qu'au cours de ses années à Moorside et à « la ferme », King organisait des séances de spiritisme afin d'entrer en communication avec sa mère et ses trois terriers également décédés. Il suffit de se promener un peu autour de Moorside pour croire au bien-fondé d'une telle affirmation. Le lieu est certes tout indiqué pour qui aurait un léger penchant pour le spiritisme et les mystères. C'est le genre de lieu qui aurait nourri l'imagination de King.

Le gouvernement canadien a conservé Kingswood et Moorside comme musée à l'intention de la population canadienne, concluant à juste titre que c'est ce domaine, avec ses ruines et ses jardins, ses petits chalets et ses salons impeccables, qui représente le mieux la vie et les intérêts de King. En effet, sans une compréhension du domaine Kingsmere, William Lyon Mackenzie King demeurerait une énigme pour de nombreux historiens, incapables de concilier son personnage public unidimensionnel et son journal sublime, parfois même transcendental. C'est dans son domaine que les divers éléments de cet homme complexe se trouvent rassemblés en un tout.

Dans son testament, King a tenu à reconnaître une dernière fois l'importance de la Gatineau dans sa vie, tant politique que privée :

« Peu de temps après mon arrivée au pouvoir, je me suis mis dans la tête de rassembler suffisamment de terrain afin de faire des propriétés de Kingsmere un parc qui serait digne de son emplacement à proximité d'Ottawa, et que je pourrais un jour offrir à mon pays en guise de remerciement au peuple canadien qui m'a permis de lui rendre service. »

King nous légua 600 acres (243 ha). Ce domaine se trouve aujourd'hui au coeur du Parc de la Gatineau, un parc fédéral de 88 000 acres (35 600 ha). Même après sa mort, les rêves de King ont une façon déconcertante de se réaliser.

Old mansion at Kingsmere / Vieux manoir à Kingsmere

Home in Old Chelsea

Résidence à Old Chelsea

Chelsea Dam / Barrage de Chelsea

Grandchildren of Lester B. Pearson place flowers on the former prime minister's grave at Wakefield.

Les petits-enfants de Lester B. Pearson déposent des fleurs sur la tombe de l'ancien premier ministre à Wakefield.

Covered bridge at Grand-Remous / Pont couvert à Grand-Remous

Hull

THE PEOPLE NEXT DOOR

LES VOISINS D'À CÔTÉ

When William Lyon Mackenzie King lived in the Gatineau Hills, he had as a neighbour a hermit by the name of Miles Barnes. Not much is known about Barnes. He lived alone in a log cabin that bordered King's estate. He sold apples to survive. A road was named after him. We know little more.

But while there is not much of a written record of Barnes's life, photographs of the hermit can be found in the National Archives in Ottawa.

In one of these photographs, Barnes is standing in front of his cabin, his long beard matted, his pants dirty, his right hand holding the barrel of a shotgun that could easily be 1½ metres in length. Standing next to Barnes, in immaculately pressed white shirt and pants, is a young Mackenzie King. Oddly, in the photograph, neither man looks out of place, nor, for that matter, like a stranger to the other.

Prime minister and hermit. If there are two more extreme vocations in Canadian society, it is difficult to imagine what they might be. But in the Gatineau Hills, both men lived for many years as neighbours.

Similar stories — albeit without the inclusion of a prime minister — can be found up and down the Gatineau River and throughout the Gatineau Hills. It is as if the land here breeds a sense of tolerance, as if it forces you to make private accommodations not only with it, but with your neighbour as well.

"I think Gatineau attracts a certain kind of person," says Dan Faasen, co-owner of the Tulip Valley Restaurant, one of the oldest family-run businesses in the Gatineau Hills. "They don't all speak the same language, or believe in the same things. They don't even make the same amount of money. You find some really rich people

Lorsque William Lyon Mackenzie King habitait dans la Gatineau, il avait pour voisin un ermite du nom de Miles Barnes. On connaît peu de choses au sujet de ce dernier. Il habitait seul dans une cabane en rondins construite à côté de la propriété de King. Il gagnait sa vie à vendre des pommes. Un chemin porte aujourd'hui son nom. Voilà, en somme, ce que nous savons de lui.

Même si peu de documents le mentionnent, on trouve quand même des traces de cet ermite dans les Archives nationales à Ottawa.

En effet, une photo nous montre Barnes avec sa longue barbe broussailleuse debout devant sa cabane, sa main droite tenant le canon d'un fusil mesurant facilement un mètre et demi de long. À ses côtés, on peut apercevoir un jeune Mackenzie King en chemise blanche et pantalons impeccables. Chose curieuse, les deux hommes ne détonnent pas l'un à côté de l'autre : on dirait même qu'ils ont l'allure de gens qui se fréquentent.

Un premier ministre et un ermite. On imagine difficilement deux vocations plus opposées dans la société canadienne. Mais dans la Gatineau, les deux hommes furent voisins pendant de nombreuses années.

On entend des histoires semblables (sans mettre en cause des premiers ministres toutefois) un peu partout dans la Gatineau. C'est comme si la région était un terrain propice à la tolérance, comme si elle obligeait les gens à s'entendre non pas seulement avec elle, mais aussi entre eux.

« Je crois que la Gatineau attire un certain type de personnes », affirme Dan Faasen, copropriétaire du restaurant Tulip Valley, une des plus anciennes entreprises familiales de la Gatineau. « Ils ne parlent pas tous la même langue et ils ne partagent pas

Alan Hopkin's sternwheeler at Hopkins Landing, Burnett / Bateau à aubes de M. Alan Hopkins à Hopkins Landing, Burnett

Robert Bourassa, chef and owner, Café Henry Burger, Hull

M. Robert Bourassa, chef et propriétaire du Café Henry Burger, Hull

Paula Murray, artist in porcelain, Meech Lake

Paula Murray, initiée aux secrets de la porcelaine, Lac Meech

here and some other people who are just struggling. But they like the freedom. They all like their freedom. I think the Gatineau attracts those people who are still looking for their acre of land. Their castle, if you know what I mean. They have that much in common."

Faasen says he has seen a lot of changes in the forty-two years he has been living in the Gatineau Hills. There are fewer farms but more cleared land, fewer long-time residents but more people.

The family business itself has changed. In the late 1940s, the Tulip Valley was primarily a motel, a pastel-painted string of rooms with a small restaurant that catered to work crews building the post-war highways and hydro lines that now run through the Gatineau wilderness.

Today, there are fewer motel rooms at the Tulip Valley. More space has been given to the restaurant, and to a new bar and lunch counter. The Tulip Valley now earns its keep not from work crews and long-distance travellers but from commuters, weekend cottagers and Saturday-night country music fans.

There have been other changes, too. The political uncertainty in Québec over the past twenty years has been especially poignant in the Gatineau Hills, where French and English families have lived side by side for generations.

"Some people left because of the politics, but it wasn't like the English left and the French came. It was more like, if you worried about politics, you left, and if you didn't, you stayed," explains Faasen.

Both Francophones and Anglophones currently living in the Gatineau Hills seem to view politics with a detached sense of bemusement and world-weariness. Both groups tend to feel neglected by bureaucrats in faraway Québec City. Both groups commiserate over high taxes and poor roads. Both groups are skeptical of political promises.

Both groups also realize that in the Gatineau Hills there has always been an interplay between their two cultures. The ebb and flow, the intermingling of French and English, is ongoing in the region, whatever the politics of the day may be.

In the early nineteenth century, for example, most of Lower Canada was English. In 1841, the city of Hull had 210 landowners, 115 of whom were Irish. After the Irish came the Americans, the British and the Scottish. The smallest minority in Hull were French Canadians, with only six homeowners and 2.9 percent of the population.

By the turn of the century, that had changed. French had become the dominant language and culture in Hull and throughout most of Western Québec. It remains that way today.

"I went to school seventy-five years ago and tried to learn French, but I couldn't put the words together," recalls Vivian Greig, sitting in the kitchen of her farmhouse in the French mill town of Thurso, located on the banks of the Ottawa River. "It's never been a problem for me, though. I get along fine."

tous les mêmes croyances. Ils n'ont pas tous les mêmes revenus. On trouve des gens fabuleusement riches, tandis que d'autres vivent dans la misère. Mais ils aiment la liberté. Ils aiment tous leur liberté. Je pense que la Gatineau attire les gens qui cherchent toujours leurs trente arpents. L'endroit où construire leur domaine, pour ainsi dire. Voilà ce qu'ils ont en commun. »

Faasen a assisté à beaucoup de changements dans la Gatineau au cours des quarante-deux dernières années. Il y a moins de fermes mais plus de terres défrichées, moins d'habitants de longue date mais plus de gens.

L'entreprise familiale a aussi évolué. À la fin des années 40, on exploitait surtout un motel, une série de chambre aux teintes pastel rattachées à un petit restaurant qui répondait aux besoins des travailleurs venus après la guerre construire les chemins et ériger les lignes électriques qui traversent la Gatineau.

Aujourd'hui, le motel cède de plus en plus la place au restaurant, à un nouveau bar et à un casse-croûte. Le Tulip Valley assure maintenant ses rentrées non plus auprès des équipes de travail et des voyageurs, mais des gens qui font la navette entre Wakefield et Ottawa pour passer les fins de semaine au chalet ou des amateurs de musique country du samedi soir.

Il y a eu d'autres changements. L'incertitude politique qui règne au Québec depuis une vingtaine d'années a été particulièrement inquiétante dans la Gatineau, où les familles francophones et anglophones se côtoient depuis plusieurs générations.

« Certaines personnes ont quitté à cause de la politique, ce qui ne veut pas dire que les anglophones sont partis et les francophones sont restés. Plutôt, les gens que la politique inquiète sont partis, tandis que ceux qu'elle laisse indifférents sont restés », explique monsieur Faasen.

Tant les francophones que les anglophones de la Gatineau semblent voir la politique avec un certain détachement et un air de lassitude. Les deux groupes ont l'impression d'être négligés par les bureaucrates éloignés de Québec. On se plaint de part et d'autre des taxes trop élevées et du mauvais état des routes. Et on est sceptique quant aux promesses des hommes et des femmes politiques.

Les deux groupes savent qu'il y a toujours eu un échange entre leurs deux cultures dans la Gatineau. Ce va-et-vient, ce mélange entre anglophones et francophones, se poursuit de nos jours, malgré les courants politiques de l'heure.

Au début du XIXe siècle, presque tout l'ouest du Bas-Canada est anglophone. En 1841, il y a 210 propriétaires fonciers à Hull, dont 115 d'origine irlandaise. Puis viennent en ordre décroissant des propriétaires d'origine américaine, britannique et écossaise. Hull ne compte que six propriétaires canadiens français, constituant à peine 2,9 p. 100 de la population.

Mais la situation ne tarda pas à changer et au début du siècle, le français était devenu la langue et la culture dominante à Hull et dans tout l'ouest du Québec, comme c'est le cas aujourd'hui.

Remembrance Day ceremony, Chelsea Pioneer Cemetery, Chelsea / Cérémonie du Jour du Souvenir, cimetière des pionniers de Chelsea

Greig is eighty-three years old. Her family, the McGillivrays, was one of the first families to settle in Thurso, and she has spent her entire life in this pulp-and-paper town. She is well known and respected in the community, even though she cannot speak French.

Greig says there are only a few English families left in Thurso — "Just some seniors like myself" — but she has no trouble communicating with her neighbours. Often it is done in a crazy form of conversation that has Greig speaking English and her neighbours speaking French. Although hapless eavesdroppers may be confused by it all, Greig and her neighbours communicate easily.

"Most people are bilingual. And even if they're not, it is rarely a problem," says Raymond Poirier, a real estate agent in Wakefield.

According to Poirier, people who live in other parts of the country could take lessons on how the English and French coexist in the Gatineau.

"Sometimes the politicians stir things up, but the people don't let it bother them much. I sell houses to both English and French. They become good neighbours."

Not only do French and English end up living next door to each other in this region, so do the rich and the poor. A glance at Poirier's real estate listings for the Wakefield area shows a range of dwellings from a $20,000 mobile home to a $300,000 Tudor-style home.

"You get people living here who are just scraping by, who earn less than $10,000 a year," says Poirier. "And you get others who are rich, who think $10,000 is spending money."

Across the Gatineau River, to the east, in the former mining town of Poltimore, you see the same spread of houses and income. Outside Poltimore, in the planned developments of Edelweiss and Mont Cascades, estate-size lots are sold to city dwellers looking for a summer chalet or a ski retreat in the Gatineau Hills. Within Poltimore, long-time residents live in their ancestors' small, wood-frame homes. They get by on whatever work can still be found.

The mica mines in Poltimore closed at the turn of the century. There are some small farms, and one of the largest general stores in the region, but the town's economic opportunities pretty much end there.

Some logging still takes place, either in the back country, where people work for one of the pulp-and-paper companies, or closer to the village, where trees are cut and split into firewood. The cords of firewood are sold in the cities along the Ottawa River. For many Poltimore residents, firewood is the new cash crop.

You get by in Poltimore as you must. Royal Desjardins has been living on a disability pension in the village for decades, a life that is made a little easier by his position as caretaker of the village's Catholic cemetery. The job comes with reduced rent on a house (the village priest's former home) and a monthly stipend.

"It is a good job," Desjardins declares. "The house is big and the work isn't hard. You shovel a pathway in the winter, cut the

« Je suis allé à l'école il y a 75 ans. J'ai essayé d'apprendre le français, mais je n'arrivais pas à enchaîner les mots », se souvient Vivian Greig, assise dans la cuisine de sa ferme dans la ville francophone de Thurso, située sur l'Outaouais. « Mais ça ne m'a jamais posé de problèmes. Je m'arrange bien avec tout le monde. »

Madame Greig a 83 ans. Sa famille, les McGillivray, fut une des premières à s'établir à Thurso. Elle a vécu toute sa vie dans cette ville où se trouve une importante usine de pâtes et papier. Son incapacité de maîtriser le français ne l'a pas empêchée de se faire connaître et de se mériter le respect de ses concitoyens.

Selon madame Greig, il n'y a presque plus de familles anglophones à Thurso, « seulement des personnes âgées comme moi », dit-elle, mais cela ne l'empêche pas de communiquer avec ses voisins. Cela se fait souvent dans les deux langues, madame Greig parlant en anglais et les voisins en français. Bien que cela puisse facilement dérouter les étrangers, madame Greig et ses voisins s'entendent bien.

« La plupart des gens sont bilingues. Même si tu ne l'es pas, c'est plutôt rare que cela fasse problème », affirme Raymond Poirier, un agent immobilier de Wakefield. Selon monsieur Poirier, les gens qui habitent dans les autres régions auraient beaucoup à apprendre sur la coexistence des anglophones et des francophones dans la Gatineau.

« De temps en temps, les politiciens aiment faire chauffer la marmite, mais ça ne dérange pas beaucoup. Je vends des maisons à des anglophones et à des francophones. Et ils finissent par devenir de bons voisins. »

Non seulement les anglophones et les francophones se côtoient-ils dans la région, mais aussi les riches et les pauvres. Il suffit de jeter un coup d'oeil aux propriétés que monsieur Poirier cherche à vendre dans la région de Wakefield pour voir qu'il y en a pour tous les goûts, de la maison mobile à 20 000 $ à une résidence de style Tudor pour 300 000 $.

« Il y a des gens qui ont de la difficulté à rejoindre les deux bouts, gagnant moins de 10 000 $ par année, explique-t-il. Et il y en d'autres pour qui 10 000 $, c'est de l'argent de poche. »

À l'est de Wakefield, dans l'ancienne ville minière de Poltimore, on voit ce même écart de maisons et de revenus. À l'extérieur de Poltimore, dans les communautés d'Edelweiss et de Mont-Cascades, on vend des domaines aux citadins qui recherchent un chalet d'été ou un endroit où faire du ski. Dans Poltimore même, les résidents habitent toujours les modestes maisons de bois de leurs ancêtres. Ils survivent au jour le jour avec des emplois de fortune.

Les mines de mica de Poltimore ont été abandonnées au début du siècle. Sauf pour quelques petites fermes et un des plus grands magasins généraux de la région, on a vite fait le tour des possibilités économiques de la ville.

On continue quand même à exploiter la forêt, soit au loin où les gens travaillent pour le compte d'une usine de pâtes et papier,

grass in the summer. They still bury people here. I dig the plot, prepare for the service. That's as hard as it gets."

The cemetery dates back to the last century, and Desjardins also handles the administration work — the selling of burial plots, the record-keeping. Before any plot is sold, Desjardins claims that he must walk to the prospective site and insert a large metal rod into the ground to check for long-buried and long-forgotten bodies.

"You do not want to dig and find a body," says Desjardins. "That gets very complicated. You must check first. There are many bodies here without tombstones. I do not know how many."

Desjardins says he has seen the same changes in the Gatineau Hills that others have remarked upon — the influx of middle-class or wealthy commuters from Ottawa, the change from a farming and logging economy to one premised on recreation and tourism. He is also familiar with the history of the region.

"I am French and this village is not," says Desjardins. "It was founded by Germans, then came the English. There is a Lutheran church down the road. I can't even say I think about it, really. Language problems! That's something you have in the city, not out here."

French and English. Rich and poor. The Gatineau Hills have a long history of accommodating disparate groups. At the turn of the century, timber barons built mansions next to waterfront acreages owned by poor clear-cutters. In the 1980s, mid-grade condominiums were built next to the most exclusive golf and country club in the nation's capital. And, of course, Prime Minister Mackenzie King lived next door to hermit Miles Barnes.

The Gatineau Hills delight in confounding demographic experts who like their data clearly defined. Here, life is a bit more of a muddle. And people won't hesitate to tell you they like it that way.

soit à proximité du village où on fait du bois de chauffage, qui est vendu dans les villes le long de l'Outaouais. Pour de nombreux résidents de Poltimore, le bois de chauffage est devenu une nouvelle culture commerciale.

À Poltimore, on fait ce qu'il faut faire pour survivre. Royal Desjardins y survit depuis des décennies grâce à une pension d'invalidité, grâce également à sa fonction de responsable du cimetière catholique. En échange, on lui accorde une réduction de loyer (il habite dans l'ancienne résidence du curé) ainsi qu'une rémunération mensuelle.

« C'est une bonne position, affirme monsieur Desjardins. La maison est grande et le travail n'est pas trop difficile. Il faut déblayer un sentier en hiver et tondre le gazon en été. Le cimetière sert toujours. Je creuse les fosses et prépare les services. C'est la tâche le plus difficile que j'aie à faire. »

Le cimetière remonte au siècle dernier. Monsieur Desjardins s'occupe également de son administration, soit la vente des terrains et la tenue des registres. Avant de vendre un terrain, monsieur Desjardins doit insérer une longue tige de métal dans le sol pour s'assurer qu'on n'y trouve pas de tombe passée à l'oubli.

« Il ne faut pas tomber sur un cadavre quand on creuse une nouvelle fosse, explique-t-il. Ça complique pas mal les choses quand cela se produit. Il faut d'abord vérifier. Il y a beaucoup de morts ici sans pierre tombale. Je ne pourrais pas vous dire combien il y en a. »

Tout comme les autres habitants de longue date du village, monsieur Desjardins avoue avoir constaté certains changements dans la Gatineau : l'arrivée de banlieusards et de personnes fortunées en provenance d'Ottawa, le passage d'une économie à base d'agriculture et d'exploitation forestière à une économie fondée sur les loisirs et le tourisme. Il connaît aussi l'histoire de la région.

« Je suis francophone, mais le village ne l'est pas, dit-il. Poltimore a été fondé par des Allemands, puis les Anglais sont venus. Il y a une église luthérienne au bout de cette rue. Je ne peux pas vous dire que j'y pense vraiment. Des problèmes de langue ? Ça, c'est des problèmes qu'on trouve en ville, pas ici. »

Francophones et anglophones, riches et pauvres. La Gatineau a toujours su accueillir les groupes hétéroclites. Au début du siècle, les magnats du bois se construisirent des châteaux sur des propriétés voisinant celles de pauvres défricheurs. Au milieu des années 80, des résidences en copropriété à prix peu élevés sont apparus à côté du terrain de golf le plus exclusif de la capitale nationale. Et bien sûr, le premier ministre Mackenzie King était le voisin de l'ermite Miles Barnes.

La Gatineau prend plaisir à confondre les démographes qui aiment bien tracer des limites précises entre les gens. Ici, la vie progresse dans le désordre. Et les gens n'hésitent pas à vous dire que c'est tout à fait à leur goût.

Cantley

Horse draw at the annual Saint Camillus Church parish picnic, Farrellton

Concours de chevaux de trait lors du pique-nique annuel de la paroisse Saint-Camillus de Farrellton

Renald Laframboise is a master furniture builder, with popsicle sticks that is.

Renald Laframbroise est devenu maître ébéniste en n'utilisant que des bâtonnets.

Old Chelsea

Monastere des Rédémptoristes,
Aylmer

Monastère des Rédemptoristes
à Aylmer

Cottages along the Gatineau River / Chalets en bordure de la rivière Gatineau

St. Stephen's Church, Old Chelsea / Église Saint-Stephen, Old Chelsea

The Jewel of the Gatineau, Wakefield / Wakefield, le bijou de la Gatineau

JEWEL OF THE GATINEAU

UN BIJOU SUR LA GATINEAU

You reach Wakefield in your own time, in your own way. By private car. Or snowmobile. Or perhaps even by steam train. Certainly not, as the natives like tell you, by commuter car pool. The modes of transportation tell you much about the town.

Located 40 kilometres from Ottawa, Wakefield stretches along the south shore of a giant bend in the Gatineau River. The Gatineau Hills run down to the shoreline in broken, crooked curves. The horizon, everywhere in this town, is the hills. Nine hundred people live in Wakefield, but in summer and autumn the population can triple due to the influx of cottagers and tourists.

James Maclaren built a sawmill here in the mid-nineteenth century. The wide bend in the river, almost a bay really, was an ideal spot to collect logs sent downriver from Maniwaki or Grand Remous or further north. Even when the sawmill closed, the logs still travelled down the Gatineau River, past Wakefield, and on to the pulp-and-paper mills on the lower stretches of the Gatineau or Ottawa rivers.

There are a few farms here. It is good country for raising beef and dairy cattle. Crop cultivation is a more difficult undertaking, and few farmers have persevered in their battle against the natural landscape. There has been some mining over the years, but it was little more than an economic diversion. Wakefield existed and prospered because of Maclaren's mills.

Now that the logging industry has waned (the last log run down the Gatineau River was in 1992), the village's main industry is tourism. In winter, people come to Wakefield to ski at one of the three nearby ski resorts. In summer, the village is inundated with cottagers and hikers. In autumn, Wakefield is perhaps at its busiest, the main street in the village clogged every weekend with

Tous les chemins ne mènent pas à Wakefield certes, mais on peut s'y rendre en automobile ou en motoneige, lorsque la saison s'y prête, et même en locomotive à vapeur en été. S'il faut en croire les gens de la place, on ne peut surtout pas s'y rendre par covoiturage, car cela irait à l'encontre de l'esprit du village.

Situé à 40 kilomètres d'Ottawa, Wakefield a vu le jour sur la rive sud d'un immense coude de la rivière Gatineau. Tout autour, les collines culbutent en longues courbes avant de plonger dans la rivière. Peu importe où l'on se trouve dans ce village, on est entouré de collines. Officiellement, neuf cents personnes habitent à Wakefield, mais en été et en automne, l'arrivée de propriétaires de chalet et de touristes multiplie ce chiffre par trois.

James Maclaren y construisit une scierie au milieu du XIXe siècle. Le grand coude dans la rivière, on dirait presque une baie, était tout indiqué pour amasser les grumes qui descendaient la rivière en provenance de Maniwaki, de Grand-Remous et des autres chantiers plus au nord. Même après la fermeture de la scierie, les grumes continuèrent à descendre la Gatineau jusqu'aux usines de pâtes et papier situées en aval ainsi que sur l'Outaouais.

Il y a bien quelques fermes dans les environs. La région favorise l'élevage du boeuf et les fermes laitières. Par contre, la terre se cultive mal, et très peu de fermiers ont remporté la lutte contre la forêt. Certes, il y a eu un début d'exploitation minière, mais cela ne dura pas très longtemps. L'existence de Wakefield et sa prospérité initiale est attribuable aux usines Maclaren.

Depuis le déclin de l'industrie forestière (le dernier flottage sur la Gatineau a eu lieu en 1992), l'industrie principale du village est le tourisme. En hiver, les gens viennent à Wakefield pour faire du ski dans l'un des trois centres à proximité. En été, le village

Hale's sheep farm, Wakefield / Élevage de moutons chez les Hale, près de Wakefield

Canoeing on the Gatineau River at Wakefield / Excursion en canoë sur la rivière Gatineau près de Wakefield

cars bearing out-of-province plates and driven by people craning their necks to see some of the most stunning fall foliage in North America.

The location of the village adds to the splendour. Because Wakefield is in a river valley, the hills tower above the town. In autumn, walking down the main street of Wakefield is like travelling down the bore of a kaleidoscope. You are surrounded by colour.

And there are no high-rise buildings to block the view. Only a few homes of any size exist in Wakefield, and those few are found in a small stretch along the river. Most of the older homes are cottages, or small houses that once belonged to turn-of-the-century mill hands. The large mansions of the timber barons and Ottawa powerbrokers are downriver.

But you *do* notice the houses in Wakefield. The colours are vibrant: canary yellow, colonial blue, brick red. If you drive to Wakefield from Ottawa, you first see the village after cresting a hill, the Gatineau River spread out below you, the houses showing through the trees like a half-hidden strand of brightly coloured jewellery. Wakefield itself has been called the "Jewel of the Gatineau."

Most of the larger houses bordering the Gatineau River have been converted into either restaurants or shops. The Earl House and Le Pot au Feu are two of the finest, and largest, restaurants in the Gatineau Hills.

Wakefield has changed considerably since its grist mill closed in the early 1960s, and these two restaurants are only one sign of the change. Back when this was a mill town — the term is used with pride by long-time residents — this was a self-sufficient community, with its own grocery, department store and, of course, mill. You never had to go to Ottawa. People in Ottawa never came.

Now there are antique shops and restaurants and three ski resorts (one resort, Vorlage, has a ski run that finishes at the end of a dead-end Wakefield street) and commuters and tourists. It is, locals will tell you, almost a city.

But there are parts of Wakefield that haven't changed. Such as the Chateau Pearson Hotel, built by the banks of the Gatineau River. There is no brass in the Pearson. No ferns. No menus, unless you count the chalkboard on the wall. The locals gather here to drink quarts of beer and gaze at the river, a glorious view provided by the floor-to-ceiling windows in front of the bar.

Most of the people who drink at the Pearson don't ski or shop for antiques. They drive backhoes or lumber trucks or work maintenance jobs at Vorlage. They used to work at the mill, or their fathers or grandfathers used to work there. They stayed when the work changed, refusing to leave this beautiful, rugged country.

Every winter, out on the frozen river in front of the Pearson, a red-painted barrel is placed on the ice. You can see the barrel from every chair and bar stool in the Pearson. During the dark,

est pris d'assaut par les amateurs de randonnée et les propriétaires de chalet. Mais c'est sans doute en automne que le village est le plus achalandé. Les fins de semaine, la rue principale est encombrée de voitures venues d'ailleurs, remplies de passagers émerveillés par une des plus captivantes tapisseries d'automne en Amérique du Nord.

Wakefield tient sa splendeur de son emplacement. Parce qu'il se trouve dans une vallée creusée par une rivière, le village est ceint de collines. En automne, les feuillus s'embrasent. Une promenade banale sur la rue principale devient un voyage fanstastique au coeur du kaléidoscope outaouais.

Bien sûr, aucun gratte-ciel ne vient masquer le panorama. Seules quelques maisons à Wakefield ont une certaine importance, et celles-ci se trouvent surtout près de la rivière. Les plus anciennes résidences, celles qui remontent au début du siècle, sont pour la plupart des chalets ou de petites maisons où se logeaient les ouvriers qui travaillaient à la scierie. Les grands manoirs des magnats du bois et des hommes influents d'Ottawa se trouvent ailleurs, près des centres urbains.

Impossible de ne pas remarquer les maisons aux couleurs vives de Wakefield. Lorsqu'on arrive d'Ottawa en automobile, on aperçoit d'abord le village du haut d'une colline, la Gatineau couchée à ses pieds, les maisons jaune serin, bleu ciel et rouge brique s'éclipsant derrière un rideau d'arbres, comme un collier chatoyant sous un corsage. C'est ce qui a valu à Wakefield le surnom « bijou sur la Gatineau ».

La plupart des grandes maisons en bordure de la Gatineau ont été transformées en restaurants ou en magasins. Deux des meilleurs et des plus grands restaurants de l'Outaouais se trouvent à Wakefield, le Earl House et le Pot-au-Feu. Mais ceux-ci ne sont pas les seuls témoins des nombreux changements qu'a connu Wakefield depuis la fermeture de son moulin à farine au début des années 60. À l'époque de la scierie, « la belle époque » selon les anciens de la place, le village était autosuffisant, comptant en plus une épicerie et un magasin général. On n'avait jamais besoin d'aller à Ottawa et les gens d'Ottawa ne venaient jamais.

Aujourd'hui, il y a des magasins d'antiquités et des restaurants, trois centres de ski (dont l'une des pistes se termine au fond d'un cul-de-sac dans le village), des banlieusards et des touristes. Pour les gens de la place, c'est exactement comme si l'on était en ville.

Mais certains éléments de Wakefield, comme l'hôtel Château Pearson sur la Gatineau, semblent immuables. Cet hôtel n'a pas connu la vogue du laiton, des fougères et des menus raffinés des années 80. Les gens du coin s'y retrouvent pour y prendre une chope de bière et regarder passer la rivière par les fenêtres panoramiques situées en face. Et si on a faim, le « Spécial du jour » est annoncé à la craie sur un tableau noir.

Les habitués du Château Pearson, ce ne sont surtout pas des gens qui font du ski ou qui comparent le prix des antiquités. Ce

cold days of winter, people gather and place bets on when the barrel will fall through the ice.

From December through March, you can walk into the Pearson any day and see tables of men dressed in truck caps and hockey jackets, drinking beer and watching that barrel, silently awaiting spring.

Outside the Pearson, one can find Wakefield's past and its future. Maclaren's grist mill is now a museum. The locally run businesses on the main street now tend to be antique stores, art galleries and souvenir stands.

The place where the Ottawa & Gatineau Railway Company used to stop on its regular runs during in the nineteenth century is now a park where tourists gather to have box lunches and snap pictures of the Gatineau River and the hills in the distance. There is still a train, though, a steam engine that runs in the summer, transporting tourists from downtown Hull to Wakefield.

It is quite surprising how much has changed in this quaint mountain village renowned for its historical charm. The wooden bridge that once spanned the Gatineau River at Wakefield burned in the mid-1980s and has been replaced with a modern cement bridge. There are plans for a new hospital, a community centre, and four-lane highway extension into Hull.

In the woods there are hiking trails and cross-country trails that didn't exist ten years ago. And on the river, two years after the last log run, motorboats now make their way from Wakefield to nearby cottages, the drivers no longer afraid of hitting the water-soaked logs that once floated just beneath the surface.

But if you leave Wakefield on most any day in the spring, you can still see one image of how things used to be, and continue to be, in this village.

Travelling slowly up the mountain that borders this town, you will pass a line of parked vehicles. Several people who live in Wakefield, or who at least know the area well, will be gathered on the side of the highway, collecting water. The water comes from a mountain stream, a clear, cool, steady stream that the townspeople have funnelled into a drain pipe so that they can collect it easily.

In Ottawa, this would be bottled water. It would be labelled and sold for a profit. In Wakefield, it is funnelled into milk jugs and thrown into the back seat of four-by-fours, pick-up trucks and station wagons.

The travelling time from this mountain stream to the lawn of the Parliament Buildings is thirty minutes. The distance seems much further.

sont plutôt des opérateurs de pelle mécanique, des camionneurs ou des ouvriers qui assurent l'entretien du centre de ski Vorlage. S'ils ne sont pas eux-mêmes des anciens de la scierie, leurs pères ou leurs grands-pères l'étaient. Malgré la disparition de ces emplois, ils ont été incapables d'abandonner ce pays dur mais attachant.

Une des traditions du Château Pearson, c'est le baril rouge sur la Gatineau. Peu importe où l'on se trouve dans le bar, on peut apercevoir ce baril placé sur la glace. Pour se désennuyer pendant les journées froides et sombres de l'hiver, les habitués font des paris sur la date de la débâcle, c'est-à-dire le jour où la glace sous le baril se brisera et celui-ci s'engouffrera dans la Gatineau déchaînée.

Tous les jours, de décembre à mars, des hommes vêtus de casquettes de camionneur et de manteaux arborant fièrement des écussons d'équipes de hockey sirotent des bières en surveillant en silence le baril. Le printemps se fait attendre.

Le passé et l'avenir de Wakefield sont aux portes du Château Pearson. Le moulin à farine de James Maclaren est devenu un musée. Sur la rue principale, les magasins d'antiquités alternent avec les galeries d'art et les kiosques à souvenirs.

Le parcours qu'empruntaient les locomotives de la Ottawa & Gatineau Railway Company au XIXe sièce est devenu un parc où les touristes font des pique-niques et posent pour des photos-souvenirs. En été, une locomotive à vapeur quitte Hull en direction du village, transportant des touristes qui ont envie d'un voyage dans le temps.

Mais on n'arrête pas le progrès. La vie dans ce village pittoresque de l'Outaouais a beaucoup changé. Au milieu des années 80, Wakefield a perdu aux flammes un célèbre pont de bois qui enjambait la Gatineau. On le remplaça par un pont en béton. On projette aussi de construire un nouvel hôpital et un centre communautaire et on voudrait prolonger l'autoroute de Hull jusqu'au village.

La forêt environnante abonde en sentiers et pistes de ski de fond qui n'existaient pas il y a dix ans. Deux ans après le dernier flottage, les canots à moteur sillonnent la Gatineau en direction des chalets, les plaisanciers ne craignant plus de heurter des grumes submergées. Mais il suffit de quitter le village au printemps pour voir une image de la vie telle qu'elle était, et telle qu'elle continue de l'être à Wakefield.

En remontant lentement le chemin de la montagne qui encercle le village, on remarque une file d'automobiles stationnées. Beaucoup de gens de la région viennent à cet endroit puiser une eau froide et limpide qui coule sans arrêt d'un ruisseau de montagne. Les villageois n'ont eu qu'à mettre quelques canalisations pour pouvoir plus facilement s'approvisionner.

Trente minutes à peine séparent ce ruisseau du Parlement canadien. Mais la distance franchie nous transporte dans un tout autre monde.

Wakefield train at Cascades / Le train de Wakefield à Cascades

Wakefield Mill / Le Moulin de Wakefield

Marc Grondin, entrepreneur and owner of the Wakefield train / M. Marc Grondin, homme d'affaires et propriétaire du train de Wakefield.

The late Ken Young was the miller at the Wakefield Mill for over thirty years.

Pendant plus de trente ans, feu Ken Young fut meunier au Moulin de Wakefield.

Meech Creek / Ruisseau Meech

ON ANY WINTER WEEKEND

The dense forest of the Gatineau Hills has always been used for practical purposes — for the building of houses, the heating of homes, the selling of timber for legal tender. The hills have long been used for a different, rather more recreational purpose.

This is ski country. For one hundred years, people have flocked to the Gatineau Hills to ski, whether it be alpine skiing, cross-country skiing, or the more perilous pastime of ski jumping.

Long before there were roads in the Gatineau Hills, there were ski trails. At the turn of the century, many small mountain communities prospered because of the steady stream of ski parties from the nation's capital. Hotels and small inns were built to cater to the skiers. In 1924, a bus service from downtown Ottawa to Old Chelsea commenced operation, largely to accommodate the hordes of skiers who wished to ski in the Gatineau Hills every winter weekend. The impact of skiers on the region has been both continuous and profound.

The Ottawa Ski Club, for example, once cut a wide path through the Gatineau Hills, both figuratively and literally. One of the oldest ski clubs in Canada, the Ottawa Ski Club was founded in 1910, originally as little more than a social club for a group of young men who led ordinary lives in most respects — except for the shared desire to hurl themselves off a hill in the cold of winter while wearing wooden boards on their feet. Theirs was a ski-jumpers' club.

Club members first jumped at fashionable Rockliffe Park, a city park in the heart of Rockliffe, the long-time home of Ottawa's

SI, PAR UNE FIN DE SEMAINE D'HIVER...

La forêt dense de la Gatineau a toujours été mise à profit, d'abord pour construire des maisons, puis pour les chauffer et enfin, comme matière première à récolter. Les collines, elles, ont depuis longtemps trouver leur vocation de lieu de loisirs.

Nous sommes au pays du ski. Depuis cent ans, les gens se rendent à la Gatineau pour faire du ski alpin ou du ski de fond et pour les plus hardis, du saut à ski.

Bien avant la construction des premières routes dans la Gatineau, il y avait déjà des pistes de ski. Au début du siècle, bon nombre de villages isolés devaient leur prospérité à la suite ininterrompue d'expéditions de ski en provenance de la capitale fédérale. On construisit des hôtels et des auberges pour répondre à la demande des skieurs. En 1924, un nouveau service d'autobus reliait Ottawa au village d'Old Chelsea, en grande partie pour transporter les innombrables skieurs qui se précipitaient sur la Gatineau chaque fin de semaine. Le passage de ces derniers a profondément marqué la région.

Les membres du Club de ski d'Ottawa, par exemple, ont marqué la Gatineau, dans les deux sens du terme. Un des plus anciens clubs de ski de la capitale, il fut fondé en 1910 surtout pour servir de club social à un groupe de jeunes hommes qui avaient des vies banales à tous égards, sauf pour une envie de se précipiter du haut d'une colline en plein hiver, les deux pieds attachés à des planchettes de bois. Car ces jeunes hommes étaient amateurs de saut à ski.

Ils commencèrent d'abord par pratiquer leur sport dans le parc Rockliffe, un parc municipal dans le quartier huppé de Rockliffe,

Gatineau 55 ski race, an event on the Worldloppet League tournament schedule, Gatineau

Le Gatineau 55, une épreuve de ski de fond faisant partie du circuit Worldloppet, Gatineau

wealthy and well-connected. Several of the city's better-known scions took up the sport, but the core group of jumpers were of Scandinavian descent. Sigurd Lockeberg, from Norway, was the club's first president. His brother Hans was also an avid jumper and a member of the club, as were friends Paul Iverson and Hans Kihl.

Local folklore has it that the young Scandinavians built their first ski jump in Rockliffe Park in the dead of night, so as not to alert the Ottawa Improvement Commission to their activities. The Commission was opposed to the construction of a jump tower and track in the middle of the upscale enclave. When the camouflaged tower was presented as a fait accompli, the Commission decided it would be too much of a bother to tear it down. The jumpers had their first home.

Ski jumping was hugely popular in the years before the First World War. A competitive jump at Rockliffe Park drew thousands of spectators, and the jump served as the site of the Canadian ski-jumping championship in 1912. At the 1912 championships, some four thousand people, including the Duke and Duchess of Connaught, watched the jumpers.

The First World War seriously depleted the ranks of the Ottawa Ski Club. In 1915, the jump tower, unused for more than a year, toppled during in a violent storm. It was never rebuilt. When the next meeting of the Ottawa Ski Club was held, in 1919, a very different ski club emerged.

Even at the initial meetings in 1910, there had been some members of the club who were more interested in cross-country skiing than ski jumping. While treated with some suspicion by the hearty Scandinavians, these members found themselves in the majority after the war. And the place these new skiers most liked to spend their winter weekends was in the Gatineau Hills. The Ottawa Ski Club soon moved its base of operations from Rockliffe Park to the hills on the other side of the Ottawa River.

By 1920, cross-country ski trails linked the Gatineau communities of Kingsmere, Kirk's Ferry, Ironside, Tenaga, Fairy Lake and Wakefield. In the 1920s and '30s, many ski parties from Ottawa spent their weekends on these trails, often travelling 30 kilometres or more in a day — an impressive task when one considers the skis that were in use at the time. Called "Norwegian snowshoes," these skis were 2^{1}/$_{2}$ to 3 metres long and extremely wide, sometimes running to more than 15 centimetres. Each skier used only one ski pole for control, and the pole was often as long as the skis. The entire package, including the metal toe strap, could weigh as much as 11 kilograms.

Despite the cumbersome equipment involved, "ski touring," as cross-country skiing was called at the time, experienced a rapid rise in popularity in the Gatineau Hills. As the ski parties began to travel greater distances, there arose a need for adequate lodges and shelters. The Ottawa Ski Club bought its first property in the

depuis toujours la résidence des riches et des notables d'Ottawa. Bien que les fils de quelques-unes des familles les plus en vue d'Ottawa en aient été membres, la plupart des sauteurs à ski étaient d'origine scandinave. Le premier président du club, Sigurd Lockeberg, était d'origine norvégienne. Son frère Hans, grand amateur de saut à ski, en était également membre, tout comme leurs amis Paul Iverson et Hans Kihl.

Selon la légende locale, ces jeunes Scandinaves auraient érigé leur premier tremplin au parc Rockliffe en pleine nuit, afin d'échapper à la surveillance de la Commission d'amélioration d'Ottawa. Celle-ci s'opposait à la construction d'un tremplin et d'une piste de ski en plein milieu de ce quartier privilégié. Présenté avec un fait accompli, le Commission décida que cela ne valait pas la peine de le démolir. Les sauteurs à ski pouvaient enfin exercer leur sport.

Le saut à ski fut très populaire au cours des années qui précédèrent la Première Guerre mondiale. Une compétition attira des milliers de spectateurs au parc Rockliffe. Le tremplin allait d'ailleurs servir comme site du Championnat canadien de saut à ski en 1912. Environ 4 000 personnes, dont le duc et la duchesse de Connaught, ont assisté à cette compétition.

La Première Guerre mondiale allait gravement dégarnir le Club de ski d'Ottawa. En 1915, une violente tempête renversa le tremplin, qui n'avait pas servi depuis un an. Il ne fut jamais reconstruit. Lors de sa prochaine réunion, en 1919, le Club de ski d'Ottawa avait été complètement transformé.

Dès ses premières réunions en 1910, certains membres s'intéressaient davantage au ski de fond qu'au saut à ski. Malgré les soupçons des audacieux Scandinaves, les amateurs de ski de fond étaient devenus majoritaires après la guerre. Ces nouveaux skieurs désiraient surtout passer leurs fins de semaine dans la Gatineau. Le Club de ski d'Ottawa ne tarda pas à déménager ses activités du parc Rockliffe aux collines situées de l'autre côté de l'Outaouais.

Dès 1920, des pistes de ski de fond reliaient les collectivités de Kingsmere, Kirk's Ferry, Ironside, Tenaga, Fairy Lake et Wakefield. Au cours des années 20 et 30, beaucoup d'amateurs de ski en provenance d'Ottawa passaient leurs fins de semaine sur ces pistes, faisant souvent plus de 30 kilomètres en une journée, ce qui n'était pas une mince tâche quand on connaît la qualité des skis de l'époque. Surnommés « raquettes norvégiennes », ces skis mesuraient de 2,5 à 3 mètres de long en plus d'être très larges, atteignant parfois 15 cm. Pour se guider, le skieur utilisait un seul bâton, qui était souvent de même longueur que les skis. L'ensemble, comprenant le harnais métallique pour les bottes, pouvait peser 11 kilos.

Malgré cet équipement encombrant, le « ski de randonnée », comme on appelait le ski de fond à l'époque, remporta un franc succès dans la Gatineau. Plus les expéditions s'éloignaient de la ville, plus le besoin d'auberges et d'abris se faisait sentir. Le Club de ski d'Ottawa acheta sa première propriété dans la Gatineau en 1920, une ancienne cabane de bûcheron près du lac Fortune.

Skiing at Camp Fortune / Partie de ski au Camp-Fortune

Gatineau Hills in 1920, an old logging shack near Fortune Lake. The next year, the club built two more lodges, one near Ironsides and another near Fortune Lake. The smaller Cliffside Ski Club built lodges at Fairy Lake, Pink's Lake and Keogen's clearing. Several inns and hotels in the Gatineau Hills, most notably Murphy's at Kingsmere and the Dunn Hotel in Old Chelsea, also catered to the skiers.

Between 1925 and 1930, the Ottawa Ski Club cut many of the cross-country ski trails that are still used in the Gatineau Hills today. Under the leadership of club president Joe Morin, the trailmakers became legendary around the nation's capital. The Night Riders, as they were called, went deep into bush that had until then been considered inaccessible. They worked every weekend, unpaid, irregardless of the temperature. Their moniker was earned because of their habit of working in the bush until well after the sun had set. Hours after every other skier in the Gatineau Hills had stopped for the day, a torchlight procession of Night Riders could be seen "touring" through the hills.

The Ottawa Ski Club continued to buy land in the Gatineau Hills on which to construct new lodges, and it wasn't long before the club became a powerful landowner in the region. The club helped to stop clear-cut logging in the Gatineau Hills in the 1930s, and its influence was wide-spread.

In 1932, the direction of the club changed once again. In that year, the Joe Morin Slalom Hill was opened, the first alpine ski run in the Gatineau Hills. Although the land that the club purchased in the 1920s and '30s was meant for use as sites for cross-country ski lodges, it also turned out to be some of the best alpine-skiing land in the region.

In 1940, a tow was added to Slalom Hill. It consisted of a Cadillac engine and a rope. But from humble beginnings alpine skiing quickly came to dominate winter sport in the Gatineau Hills. By the end of the Second World War, alpine skiing had surpassed cross-country skiing in popularity, and the new trails that the Ottawa Ski Club carved out of the wilderness all ran downhill.

In the 1950s and '60s, many of Canada's best alpine skiers graduated from Camp Fortune, the ski resort that the Ottawa Ski Club built around their first downhill run. Anne Heggtveit, who won Canada's first Olympic skiing gold medal, in the slalom in 1960, learned to ski at Camp Fortune. One of the more challenging runs at Camp Fortune is now named in her honour.

Heggtveit may be the brightest star in the Ottawa Ski Club's history, but she was not the only one. The club was a powerhouse in Canadian skiing for many years. In 1962, the club had seven members on the Olympic ski team. In 1970, club member Betsy Clifford became the youngest skier to win a World Cup skiing event, capturing the giant slalom at Val Gardena, Italy. Clifford was sixteen.

While for many years the Ottawa Ski Club had almost a monopoly on skiing in the Gatineau Hills, in the 1960s other clubs

L'année suivante, le club construisait deux autres abris près d'Ironside et du lac Fortune. Tout en ayant moins de membres, le Club de ski Cliffside érigea des abris aux lacs Fairy et Pink ainsi qu'à la clairière Keogen. Plusieurs auberges et hôtels de la Gatineau, dont l'hôtel Murphy à Kingsmere et l'hôtel Dunn à Old Chelsea, avait une clientèle composée surtout de skieurs.

Entre 1925 et 1930, le Club de ski d'Ottawa tailla dans la Gatineau bon nombre des pistes de ski de fond qui servent encore de nos jours. Sous la direction de leur président Joe Morin, les exploits de ces jeunes hommes font dorénavant partie du folklore local. Connus sous le nom de « Night Riders », ces pionniers s'aventuraient dans des bois que l'on estimait inaccessibles. Toutes les fins de semaine, peu importe le temps qu'il faisait, ils étaient là sans jamais être rémunérés. Leur surnom viendrait de leur habitude de travailler dans la forêt la nuit venue. Bien après que le dernier skieur ait terminé sa journée, on pouvait voir une procession de flambeaux en « randonnée » dans la Gatineau.

Le Club de ski d'Ottawa continuant à acheter du terrain dans la Gatineau pour y construire de nouveaux abris, il ne tarda pas à devenir un puissant propriétaire. Jouissant d'une influence croissante, il participa à la lutte pour mettre fin aux coupes à blanc des forêts de la Gatineau dans les années 30.

En 1932, le Club renouvela sa direction. Il inaugura la pente de slalom Joe Morin, la première pente de ski alpin dans la Gatineau. Bien que le Club avait en tête des abris de ski de fond lorsqu'il avait acheté des terrains dans les années 20 et 30, il finit par être propriétaire de certains des meilleurs sites de ski alpin de la région.

En 1940, on ajouta un remonte-pente à la pente Joe Morin. Il s'agissait d'un moteur de Cadillac et d'une corde. Malgré ses débuts modestes, le ski alpin allait bientôt s'imposer dans toute la Gatineau. À la fin de la Deuxième Guerre mondiale, on dénombrait plus d'adeptes de ski alpin que de ski de fond. Le Club de ski d'Ottawa ne construisait plus que des pistes de descente.

Dans les années 50 et 60, certains des meilleurs skieurs canadiens ont fait leurs débuts au Camp Fortune, le centre que le Club de ski d'Ottawa avait aménagé autour de sa première piste de descente. Anne Heggtveit, la première Canadienne à remporter une médaille d'or en compétition olympique de slalom, chaussa ses premiers skis au Camp Fortune. Une des pentes les plus difficiles au Camp Fortune a d'ailleurs été nommée en son honneur.

Heggtveit fut peut-être la plus célèbre vedette du Club de ski d'Ottawa, mais elle ne fut pas la seule. Ce club fut l'un des piliers du ski canadien pendant de nombreuses années. En 1962, sept de ses membres faisaient partie de l'équipe olympique. En 1970, un autre membre fut la plus jeune skieuse à remporter une épreuve de la Coupe du Monde, finissant bonne première au slalom géant à Val Gardena, en Italie. Betsy Clifford n'avait alors que 16 ans.

Bien que le Club de ski d'Ottawa ait exercé un quasi-monopole sur le ski dans la Gatineau pendant de nombreuses années,

and ski resorts began to open. Camp Fortune is now one of five popular ski resorts in the area. Membership in the club waned during the 1970s and '80s, and in the early '90s the club sold its Gatineau Hill landholdings to the National Capital Commission, which now operates Camp Fortune.

Today, the largest ski resort in the region is Mont St. Marie, with seventeen runs and a 381-metre vertical drop on its tallest hill. Next is Camp Fortune, with nineteen runs and a vertical drop of 195 metres. Vorlage, Edelweiss and Mont Cascades round out the list of ski resorts in the Gatineau Hills, all of these located near the village of Wakefield. Vorlage and Edelweiss each have fifteen runs, and Cascades offers thirteen. Cascades has the shortest vertical drop, at 137 metres, and Edelweiss has the highest, at 200 metres.

Both Edelweiss and Camp Fortune also maintain extensive cross-country ski trails. Chateau Montebello, a mammoth log-frame hotel owned by Canadian Pacific Hotels in the quaint village of Montebello, also has its own cross-country trails.

By far the most extensive cross-country trails, however, are maintained in Gatineau Park by the National Capital Commission. Altogether there are more than 700 kilometres of groomed cross-country ski trails in the region.

Combined with the five alpine ski resorts, these trails make the Gatineau Hills one of the largest and most popular ski areas in Canada. Just as it was a hundred years ago.

plusieurs autres clubs et centres de ski furent mis sur pied au cours des années 60. Le Camp Fortune est maintenant l'un des cinq centres de ski les plus fréquentés de la région. Le nombre de membres ayant fléchi au cours des années 70 et 80, le Club vendit ses propriétés de la Gatineau à la Commission de la Capitale nationale au début des années 90, qui exploite depuis le Camp Fortune.

Aujourd'hui, le plus important centre de ski de la région est le Mont Ste-Marie, qui compte 17 parcours. Sa pente la plus élevée a une dénivellation de 381 mètres. Puis vient le Camp Fortune avec 19 pistes et une dénivellation de 195 mètres. On trouve également dans la Gatineau, à proximité du village de Wakefield, les centres Vorlage, Edelweiss et Mont-Cascades. Les centres Vorlage et Edelweiss ont chacun 15 pentes, et Mont-Cascades en a 13. Ce dernier a la plus faible dénivellation, soit 137 mètres. Au centre Edelweiss, la dénivellation atteint 200 mètres.

On trouve également au Camp Fortune et à Edelweiss un riche réseau de pistes de ski de fond. Le Château Montebello, l'immense hôtel construit en rondins qui appartient aux Hôtels Canadien Pacifique dans le joli village de Montebello, a aussi ses propres pistes de ski de fond.

Toutefois, avec plus de 700 kilomètres de bonnes pistes, c'est la Commission de la Capitale nationale qui entretient le plus vaste circuit de ski de fond dans le parc de la Gatineau.

Quand on les ajoute aux cinq centres de ski alpin, ces pistes font de la Gatineau une des plus importantes régions de ski au Canada et une des plus fréquentées. C'était d'ailleurs le cas il y a cent ans.

Old log farmhouse, Ripon / Ancienne ferme en rondins près de Ripon

Ice-canoe racing during Winterlude, Gatineau / Traversée de la rivière en canoë lors du Bal de Neige, Gatineau

Ice-canoe racing during Winterlude, Gatineau / Traversée de la rivière en canoë lors du Bal de Neige, Gatineau

Gatineau

BEST LAID PLANS   UN BEAU PROJET

The city of Gatineau is what you could call a great notion.

Gatineau is a new city, created in 1975 with the amalgamation of seven villages and municipalities located to the east of the city of Hull. Some of the villages — Templeton and parts of Pointe Gatineau being the most notable — were old and rural. Most of the communities, however, were modern and urban. Even at the time of amalgamation, the original cities of Gatineau and Touraine made up the urban and residential centre of Western Québec.

Today, the city of Gatineau stretches over 141 square kilometres and has nearly 97,000 residents. It is the sixth-largest city in Québec, and the largest in Western Québec. According to Québec government statistics, it has grown by ten percent a year into a major city in the national capital region.

This growth has been managed carefully. Gatineau is a planned city, a city created not by the immigration patterns of the nineteenth century, but by the clean, computer-generated patterns of late twentieth-century urban planners. The streets are wide. The homes are affordable. The downtown core is not being revitalized; it is just now being built.

The city takes pride in such modernity. In promotional material for prospective investors, the city boasts that "few cities have had the opportunity to tailor a downtown area to their specific needs. As a new city, Gatineau has been able to design a city centre that will provide a focus for all the municipality's business and industry."

A "designed" city centre. A city that sprung into being by provincial proclamation in the middle of the Trudeau years. A development master plan that has been around as long as the city itself. Gatineau stands in sharp contrast to much of Western Québec. But it is certainly not divorced from it.

La ville de Gatineau est ce qu'on appelle un beau projet.

Gatineau est une nouvelle ville, créée en 1975 à la suite de l'amalgamation de sept villages et municipalités situés à l'est de la ville de Hull. Certains villages, dont Templeton, et quelques quartiers de Pointe-Gatineau, étaient d'anciens villages agricoles. Mais la plupart de ces collectivités avaient un visage urbain. Au moment de l'amalgamation, les anciennes villes de Gatineau et de Touraine étaient déjà des centres urbains et résidentiels de l'ouest du Québec.

Aujourd'hui, la ville de Gatineau occupe 141 kilomètres carrés et dénombre quelque 97 000 habitants. C'est la sixième ville en importance au Québec, la plus grande de l'ouest québécois. Selon des statistiques publiées par le gouvernement québécois, son taux de croissance de 10 p. 100 par année en a fait une ville de première importance dans la région de la capitale nationale.

Cette croissance a été soigneusement dirigée. Gatineau est une ville planifiée. Elle est non pas le fruit des vagues d'immigration du XIXe siècle, mais plutôt des grilles produites par les ordinateurs des urbanistes de la fin du XXe siècle. Les rues sont larges. Les maisons sont à prix abordables. On n'a pas eu à renouveler le centre-ville, puisqu'on est toujours en train de le construire.

La ville s'enorgueillit de son caractère moderne. Dans les prospectus qu'elle remet aux investisseurs éventuels, la ville affirme sans ambages, « Peu de villes ont eu la possibilité de concevoir leur centre-ville en fonction de leurs besoins précis. En tant que nouvelle ville, Gatineau a pu dessiner un centre-ville qui servira de carrefour non seulement à toutes les entreprises mais aussi à toutes les activités de la municipalité. »

Un centre-ville « dessiné sur mesure ». Une ville qui est apparue par proclamation provinciale au milieu des années Trudeau. Un plan général de développement qui existe depuis la fondation de la

Gatineau Hot Air Balloon Festival / Festival de montgolfières de Gatineau

Moon rises over the steeple of Saint-François-de-Sales Church, Gatineau.

Lever de lune sur le clocher de l'église Saint-François-de-Sales, Gatineau

The name of the town is historic, as is its location. Within the Gatineau city boundary, you can find the confluence of the Gatineau and Ottawa rivers, as well as the oldest church in the region, Saint-François-de-Salles. Parts of the city are rural; to the east, you will find the old farmsteads of Templeton. In this part of the city, the land has been left undeveloped, much as it was in the nineteenth century. Here you can still find working farms and secluded religious retreats.

From the banks of the Ottawa River in Gatineau, you also have one of the region's most panoramic views of the Rockcliffe cliffs and the home of the prime minister. The highway that runs along the river is old and winding and takes you past many of the heritage homes and churches that once made up Pointe Gatineau.

Along this stretch of road, you see a different part of the city, a part that both surprises and delights out-of-town visitors. Indeed, when the terms of the ill-fated Charlottetown Accord were being hammered out in Ottawa, and the premiers were in the nation's capital for their final visit before an accord was struck — the do-or-die visit that ended with a do, only to be followed by a die — much was made of Prime Minister Brian Mulroney's impassioned dinner speech on Québec's role in Canadian federalism, a speech he made at 24 Sussex Drive.

Newspapers reported that the prime minister asked the premiers to look outside the windows of his home, asked them to look across the river to the land on the other side, to look at Quebéc and imagine the province not being part of Canada. Several premiers were reportedly entranced by the natural beauty they saw when they looked out the prime minister's windows. They were said to have been enthralled by the rolling hills and the silver church spires and by the raging river in the foreground.

Whether this story is true or apocryphal hardly matters. The fact remains that it was Gatineau the premiers were looking at. And no one seemed to doubt that this view of the city was capable of saving the Canadian state.

Even though parts of the city are endowed with great natural beauty, it is the urban side of the city that defines Gatineau, the side the city itself promotes. Gatineau is the fastest-growing city in Quebéc. It is populated with young, working families — eighty percent of Gatineau's residents are under the age of forty-five. They work in the city's manufacturing or service industries, or for the federal government in nearby Hull or Ottawa.

The largest employer in the city — one that makes a fitting icon for the city's historical past and modern successes — is the Canadian Pacific Forest Products paper mill. Located in the city's downtown core, the mill produces newsprint for newspapers across North America, including the *Wall Street Journal*, the *Chicago Sun-Times* and the *Ottawa Citizen*. The mill, which was recently upgraded and computerized, is the second-largest newsprint production mill in the world.

ville. Gatineau se démarque ainsi des autres municipalités de l'ouest du Québec, sans pour autant en différer.

Le nom de la ville est historique, tout comme son emplacement. On trouve à l'intérieur des limites de Gatineau la confluence de la Gatineau et de l'Outaouais, ainsi que la plus ancienne église de la région, celle de la paroisse Saint-François-de-Salles. Gatineau comporte toujours des zones rurales, car à l'est, on y retrouve les anciennes fermes de Templeton. Ce quartier de la ville, qui ne porte aucune trace d'urbanisation, n'a pas beaucoup changé depuis le XIXᵉ siècle. On y exploite toujours des fermes. Quelques lieux de retraite religieux y sont discrètement aménagés.

De Gatineau, on a une vue panoramique sur les falaises de Rockcliffe et la résidence du premier ministre de l'autre côté de l'Outaouais. L'ancienne route qui longe la rivière est sinueuse, passant devant bon nombre de résidences et d'églises historiques qui se trouvaient jadis dans Pointe-Gatineau.

Un autre visage de Gatineau apparaît le long de cette route, un visage qui surprend agréablement les visiteurs. En effet, à l'époque de la négociation finale de l'Accord de Charlottetown, alors que les premiers ministres provinciaux s'étaient réunis à Ottawa une dernière fois pour convenir d'une entente qui allait dépendre d'un célèbre coup de dés, on parla beaucoup du discours passionné que le premier ministre canadien Brian Mulroney fit au sujet du rôle du Québec dans la fédération canadienne lors d'un dîner à sa résidence au 24, promenade Sussex.

Les journaux rapportent que monsieur Mulroney demanda aux premiers ministres de contempler par la baie vitrée la région située de l'autre côté de l'Outaouais, de regarder le Québec et d'imaginer le Canada sans cette province. On rapporte que plusieurs d'entre eux furent frappés par la beauté naturelle du paysage, par ces collines ondulantes ponctuées par les flèches argentées des églises au pied desquelles coulait une majestueuse rivière.

L'anecdote est-elle fondée ? Est-ce important ? Il n'en demeure pas moins que les premiers ministres contemplaient Gatineau. Et personne ne semble douter que, pour un instant, ce panorama ait eu le pouvoir de sauver la fédération canadienne.

Bien que certaines régions de la ville jouissent d'une grande beauté naturelle, c'est le visage urbain de Gatineau que celle-ci cherche à faire connaître. Gatineau est la ville ayant la plus forte croissance au Québec. Elle est peuplée de jeunes familles : 80 p. 100 des habitants de Gatineau ont moins de 45 ans. Ils travaillent pour les industries manufactières ou tertiaires de la ville, ou pour le gouvernement fédéral à Hull ou à Ottawa.

À l'image du passé historique et de la réussite moderne de cette ville, le plus grand employeur de Gatineau est l'usine de papier des Produits forestiers Canadien Pacifique. Située en plein centre-ville, l'usine produit du papier pour des journaux d'Amérique du Nord, dont le *Wall Street Journal*, le *Chicago Sun-Times* et le *Ottawa Citizen*. L'usine, qui a été modernisée et

Gatineau Hot Air Balloon Festival
Festival de montgolfières de Gatineau

The city has cleverly worked the paper mill into its master plan, has made accommodations for it, has not turned its back on the forest industry the way some other cities have done. Such flexibility, vision and attention to long-term planning have made Gatineau an urban success story.

The city has even had the boldness to plan a tourism industry. In 1988, Gatineau held its first hot-air balloon festival, a modest affair that attracted a handful of balloonists and a few thousand spectators. Today, the Gatineau Hot Air Balloon Festival is one of the largest of its kind in North America, a festival that attracts hundreds of balloonists and tens of thousands of spectators each year.

The best laid plans sometimes do indeed work.

informatisée récemment, est la deuxième plus grande de son genre au monde.

Les urbanistes de Gatineau ont astucieusement incorporé l'usine au plan cadastral, lui trouvant une place tout en évitant la tentation de rejeter l'industrie forestière comme certaines autres villes ont pu le faire. Cette souplesse, cette vision de l'avenir et cette attention à la planification à long terme expliquent le succès remporté par Gatineau.

La ville a même eu la hardiesse de prévoir une industrie touristique. En 1988, Gatineau organisait son premier festival de montgolfières, un évènement modeste qui n'attira que quelques amateurs et quelques milliers de spectateurs. Aujourd'hui, le Festival de montgolfières de Gatineau est le plus grand évènement de ce genre en Amérique du Nord, attirant des centaines d'amateurs et des dizaines de milliers de spectateurs chaque année.

Parfois, il suffit d'un beau projet pour obtenir les meilleurs résultats.

Pig race at the Gatineau Hot Air Balloon Festival / Course de cochons lors du Festival de montgolfières de Gatineau

Dog-sled racing during Winterlude, Gatineau / Courses de traîneaux à chiens lors du Bal de Neige, Gatineau

River-rafting on the Rouge River / Descente en eaux vives sur la rivière Rouge

Ottawa skyline from Gatineau Park / Panorama d'Ottawa depuis le parc de la Gatineau

A WORLD AWAY UN MONDE À PART

Gatineau Park was designed as a tribute to the Canadian wilderness. Nearly fifty years in the making, Gatineau Park is one of the most picturesque, and eclectic, nature reserves in Canada.

At its southernmost point, Gatineau Park is only a few kilometres from downtown Ottawa. The closeness of this wilderness reserve to the nation's capital, while a surprise to many visitors, makes perfect sense when you learn the history of the park. It is a history intertwined with that of the federal government and the federal bureaucracy.

The idea of a government-administered park in the Gatineau Hills was first suggested by Montréal architect Frederick Todd in 1903. The suggestion was made in a report submitted by Todd to the Ottawa Improvement Commission. The Improvement Commission had been established only four years before by Sir Wilfrid Laurier, the prime minister who scornfully said in 1901, "Ottawa is not a handsome city and does not appear to be destined to become one, either." Laurier clearly thought Ottawa was in need of improvement. The politician's answer: an improvement commission.

Although it had the backing of the government, Todd's report did little to improve the area. It gathered dust for the next thirty years. It was not until 1937 that the Federal District Commission, the successor to the Improvement Commission, was granted the right to purchase land in the Gatineau Hills. The decision to purchase land was made only after intense lobbying by the Ottawa Ski Club and the Woodlands Preservation League, two groups opposed to clear-cut logging in the Gatineau Hills.

By the start of the Second World War, the federal government owned 16,000 acres (6,475 ha) in the Gatineau Hills, but no formal park had been created. It might have remained this small if not for the efforts of former Prime Minister Mackenzie King.

Le parc de la Gatineau a été conçu pour rendre hommage aux étendues sauvages du Canada. Ayant mis près de cinquante ans à se constituer, le parc de la Gatineau est l'une des réserves naturelles les plus pittoresques, et les plus surprenantes, au Canada.

Sa pointe sud se trouve à quelques kilomètres du centre-ville d'Ottawa. Bien que bon nombre de visiteurs soient étonnés de ce fait, la proximité d'une telle réserve faunique à quelques minutes de la capitale fédérale se comprend parfaitement lorsqu'on connaît l'origine du parc. Son histoire est indissociable de celle du gouvernement canadien et de l'administration fédérale.

C'est l'architecte montréalais Frederick Todd qui fut le premier à suggérer que le massif de la Gatineau puisse devenir un parc sous administration fédérale dans un rapport qu'il remit en 1903 à la Commission d'amélioration d'Ottawa. Celle-ci avait été constituée quatre ans auparavant par Sir Wilfrid Laurier, le premier ministre qui avait dit avec un ton de mépris en 1901, « Ottawa n'est pas une belle ville, et rien ne permet de croire qu'elle le deviendra sous peu. » Manifestement, Laurier croyait qu'Ottawa avait besoin d'être améliorée. En bon homme politique, il proposa la mise sur pied d'une commission d'amélioration.

Malgré l'appui du gouvernement, le rapport Todd eut peu de répercussions, dormant sur les tablettes pendant trente ans. Ce n'est qu'en 1937 que la Commission du district fédéral, qui succéda à la Commission d'amélioration d'Ottawa, obtint le droit d'acheter des terrains dans la Gatineau. Cette décision ne fut prise qu'à la suite d'un lobbying intensif par le Club de ski d'Ottawa et la Woodlands Preservation League, deux groupes opposés aux coupes à blanc des forêts de la Gatineau.

Au début de la Seconde Guerre mondiale, le gouvernement fédéral possédait 16 000 acres (6 475 ha) dans la Gatineau, mais aucun parc n'avait encore été créé. On aurait pu en être resté là

A beaver on the Gatineau River at Limbour / Castor dans la rivière Gatineau près de Limbour

Beaver dam, Gatineau Park / Barrage de castors dans le parc de la Gatineau

Finally, in 1949, the Gréber Plan — the brainchild of King and Paris architect Jacques Gréber, the man King convinced to come to Canada in the 1930s to create an architectural "blueprint" for the future of the nation's capital — was tabled in the House of Commons. The plan laid out a development course that the nation's capital followed faithfully for the next thirty years, recommending, among other things, the creation of a "green belt" of undeveloped land around Ottawa, and a federal park in the Gatineau Hills. The Gréber Plan received Royal Assent in 1951, a year after King's death.

Today, there are 88,000 acres (35,600 ha) of land in Gatineau Park. Though most of the land is under the administration of the National Capital Commission, there are still pockets of privately owned land in the park, primarily around Kingsmere and Meech Lake.

The park is roughly triangular in shape, bounded by the city of Hull at its southernmost tip, then fanning out 56 kilometres northwest to its widest point of 50 kilometres between Wakefield to the east and the Eardley Escarpment to the west. Inside this wedge of land are ski resorts, camping grounds, the small communities of Kingsmere and Meech Lake, hundreds of kilometres of hiking and bicycling trails, and several of the official residences of members of the Canadian government, including the summer house of the prime minister and the home of the speaker of the House of Commons.

The park is in the centre of the Gatineau Hills. The land here was formed during the last ice age. When a giant glacier retreated north, it left on the banks of the Ottawa River the beaten-down ridge of a once-mighty mountain chain. These became the Gatineau Hills. The park possesses many of the common images of Canada: startlingly blue mountain lakes, dense forests, rugged rocky outcrops. This land is similar to the landscape painted by the Group of Seven in Northern Ontario, the main difference being that this land lies within commuting distance of the Parliament Buildings.

While the glaciers formed the basic topography of Gatineau Park, what cleared areas there are in the park were created by either man or beaver. Beavers are prolific in the park and create hundreds of small ponds and beaver swamps every spring when they construct their dams. When the dams are abandoned or dismantled, the ponds gradually drain and turn into lush mountain meadows.

The building of a beaver dam inevitably brings herons, swallows and other birds who nest in the dead trees surrounding the newly created pond. The birds feast off dragonflies and other insects that have themselves been attracted to the pond. In addition to the many species of birds and insects, the ponds also become home to frogs, turtles, mudminnows, and dozens of other amphibians, fish and mammals.

si ce n'avait été des efforts du premier ministre Mackenzie King.

En 1949, le Plan Gréber, fruit de la vision de King et d'un architecte parisien, Jacques Gréber, que King avait convaincu de venir au Canada dans les années 30 pour tracer les « plans architecturaux » de la capitale fédérale, était déposé devant la Chambre des communes. Le plan énonçait la direction qu'allait prendre la capitale fédérale au cours des trente prochaines années, recommandant notamment la création d'une « ceinture verte » autour d'Ottawa et d'un parc fédéral dans la Gatineau. Le Plan Gréber reçut l'assentiment royal en 1951, un an après la mort de King.

Aujourd'hui, le parc de la Gatineau occupe 88 000 acres (35 600 ha). Presque tout ce terrain est sous l'administration de la Commission de la Capitale nationale, bien qu'il y ait toujours quelques propriétés privées dans le parc, surtout près de Kingsmere et du lac Meech.

Le parc est grosso modo triangulaire. Couché contre la ville de Hull au sud, il s'élargit sur 56 kilomètres en direction nord-ouest, atteignant 50 kilomètres de largeur entre Wakefield à l'est et l'escarpement d'Eardley à l'ouest. Cette pointe de terre contient des centres de ski, des terrains de camping, les petites collectivités de Kingsmere et de Lac-Meech, des centaines de kilomètres de sentiers et de pistes cyclables ainsi que plusieurs résidences officielles du gouvernement canadien, dont la résidence d'été du premier ministre et la résidence du président de la Chambre des communes.

Le parc est au centre de la Gatineau. La région a été formée au cours de la dernière époque glaciaire. Un glacier gigantesque, se retirant vers le nord, laissa derrière lui sur les rives de la rivière Outaouais le chaînon rabattu d'une chaîne de montagnes jadis majestueuses. Le massif de la Gatineau était né. Le parc contient bon nombre des images que l'on associe au Canada : des lacs d'un vert émeraude, des fôrets denses et des affleurements rocailleux sauvages. Il rappelle beaucoup les paysages peints par les membres du Groupe des Sept dans le nord de l'Ontario, sauf que cette région se trouve à quelques minutes des édifices du Parlement canadien.

Si la topographie essentielle du parc de la Gatineau a été dessinée par les glaciers, les quelques régions défrichées qui se trouvent dans le parc sont attribuables à la main de l'homme ou aux dents des castors. Ces derniers abondent dans le parc, où ils créent au printemps des centaines d'étangs et de marécages en construisant leurs barrages. Lorsque les castors déménagent ou lorsqu'on détruit le barrage, l'étang s'assèche peu à peu et se transforme en pré luxuriant.

Les barrages de castors attirent inévitablement des hérons, des hirondelles et d'autres oiseaux qui font leur nid dans les arbres morts entourant le nouvel étang. Les oiseaux se gavent de libellules et d'autres insectes qui se multiplient dans l'étang. En plus de

Later, when the beaver moves on and the ponds dry up, the meadows that are created become a favourite grazing ground for white-tailed deer. The Gatineau Park is also home to bears, weasels, mice, foxes, porcupines, raccoons, and wolves. The flowers that grow in the meadows — honeysuckle, irises, lilacs — attract butterflies, bees and countless species of birds. Well, not quite countless. Visitors and officials with the Gatineau Park have compiled a list of 221 species of birds sighted in the park. Needless to say, birdwatching is a popular pastime here.

Visitors to Gatineau Park have little trouble seeing the flora and fauna. The park has a well-maintained system of hiking and cross-country ski trails that allows people to access even its most rugged and remote regions. There are more than twenty hiking trails, as well as numerous picnic grounds and lookouts in the park. There is also overnight camping at Lac Philippe, in the northernmost point of the park.

There are fifty-four named lakes within the boundaries of the Gatineau Park, and many more that remain anonymous. Visitors who don't care to hike have no trouble finding a peaceful lake in which to canoe or swim. Fishing is allowed on many of the lakes, both in summer and winter.

As well as its natural beauty — the beauty that Mackenzie King and Jacques Gréber wanted to enshrine as a symbol of Canada — the park has many points of historical interest. In addition to King's estate at Kingsmere, the National Capital Commission has purchased many of the homesteads and estates of the region, including the Willson and O'Brien estates (purchased in 1963), and Reverend Asa Meech's house (purchased in 1964). The Wakefield mill and the original home of timber baron James Maclaren are also found within Gatineau Park.

The homesteads purchased by the government were not always preserved. All the houses mentioned above were saved, but among the properties purchased and later allowed to deteriorate were "Carbide" Willson's fertilizer plant, some of Mackenzie King's cottages, and the cabin that belonged to Miles Barnes, the hermit who once lived next to King's estate.

In the beauty of Gatineau Park, these homes are perhaps not missed. The land King wanted to preserve has been preserved. An important part of Canada's natural, cultural and political heritage survives. Though only ten minutes' drive from Ottawa, it is a world away.

nombreuses espèces d'oiseaux et d'insectes, les étangs accueillent des grenouilles, des tortues, des ratons laveurs, des umbres de vase et des douzaines d'autres amphibiens, poissons et mammifères.

Par la suite, les chevreuils viennent paître dans les prés. On trouve également dans le parc de la Gatineau des ours, des belettes, des souris, des renards, des porcs-épics et des loups. Les fleurs qui poussent dans les prés, comme le chèvrefeuille, les iris et les lilas, attirent des papillons, des abeilles et une foule innombrable d'espèces d'oiseaux. Enfin, peut-être pas innombrable. Des visiteurs et les préposés du parc ont dénombré quelque 221 espèces d'oiseaux dans le parc. Il va de soi qu'il y a beaucoup d'amateurs d'ornithologie dans la région.

Les visiteurs du parc de la Gatineau n'ont aucune difficulté à voir la flaure et la flore, puisqu'ils y trouvent un réseau bien entretenu de pistes de randonnée et de ski de fond qui permettent aux gens de se rendre dans les coins les plus isolés et les plus sauvages du parc. Il y a en effet plusieurs sentiers, de nombreux terrains de pique-nique et des belvédères. On peut également faire du camping au lac Philippe, à l'extrémité nord du parc.

Cinquante-quatre lacs ont été nommés à l'intérieur du parc de la Gatineau, mais il en existe beaucoup d'autres sans nom. Les visiteurs qui préfèrent ne pas faire de randonnées n'ont aucune difficulté à se trouver un lac paisible où ils peuvent nager ou faire du canoë. Enfin, la pêche est permise dans de nombreux lacs, tant en été qu'en hiver.

En plus de la beauté naturelle du paysage que Mackenzie King et Jacques Gréber voulaient protéger comme symbole du Canada, le parc contient de nombreux sites historiques. Pour compléter la propriété King à Kingsmere, la Commission de la Capitale nationale a acheté bon nombre de fermes et de domaines de la région, y compris les domaines Willson et O'Brien (achetés en 1963) et la maison du révérend Asa Meech (achetée en 1964). La scierie de Wakefield et la première maison du magnat du bois, James Maclaren, se trouvent également à l'intérieur du parc de la Gatineau.

Les fermes achetées par le gouvernement n'ont pas toutes été protégées. Toutes les maisons ci-dessus ont été conservées, mais parmi les bâtiments qui ont été achetés puis abandonnés se trouvent l'usine d'engrais de « Carbide » Willson, quelques-uns des chalets de Mackenzie King et la cabane qui appartenait à Miles Barnes, l'ermite qui était le voisin de King.

La disparition de ces quelques bâtiments pèse peu devant la beauté du parc de la Gatineau. L'important, c'est qu'on ait protégé la région comme le souhaitait King. Un élément important du patrimoine naturel, culturel et politique du Canada a pu ainsi survivre. Bien qu'il ne soit situé qu'à dix minutes d'Ottawa, c'est un monde à part.

Raccoons dine on the porch of Dr. Isabel Bayly, Chelsea / Pique-nique de ratons laveurs sur la véranda du Dr Isabel Bayly, à Chelsea

Kayaking on the Ottawa River at Champlain Bridge / Randonnée en kayak près du pont Champlain sur la rivière des Outaouais

Sugar bush, St.-Pierre-de-Wakefield / Érablière à Saint-Pierre-de-Wakefield

White-tailed deer, Gatineau Park / Cerf de Virginie dans le parc de la Gatineau

Red trillium / Trilles dressés

Violets / Violettes

Ottawa Field Naturalists in Gatineau Park / Excursion du Ottawa Field Naturalist Club dans le parc de la Gatineau

Black Lake, Gatineau Park / Lac Black, parc de la Gatineau